賢い子になる子育ての心理学

心理学者　植木理恵

ダイヤモンド社

はじめに

賢い子とは、どんな子どもでしょうか。

それは……弱い人の味方になれる子、自分の意見を持てる子、それをきちんと表現できる子、他人を心から応援できる子、そして素直な夢を描ける子……そんな前向きな心で人生にトライできる子どものことを指します。

この本では、そういう意味での「賢い」子どもを育てるにはどうしたらいいのかを、心理学の知見からまとめました。


ＩＱや偏差値が高い子や、受験勉強が得意な子ばかりが賢い子ではありません。

賢さとは、そういった個人の内に閉じた小さなことではないのです。

もし、自分の損得だけに使う「知恵」を賢さだとカン違いして、それを自慢におもうお子さんがいたとしたら、近い将来、彼（彼女）は社会からのけ者にされていくでしょう。

いかに頭がよくても、先述した意味での本当の賢さを持ち合わせていなければ、それは人間社会というシステム全体にとって不必要であるばかりでなく、感情的にも疎《うと》まれたり邪魔《じゃま》にされたりして排斥《はいせき》されていく。これは集団心理の基礎だからです。

あなたのお子さんを、知識偏重《へんちょう》なばかりで孤立してしまうような大人に育ててほしくありません。やさしさと愛情に満ちた、社会とともに生きる賢者に育ててほしい。それが、私自身が研究している発達・教育心理学の前提であり、本書が一貫して訴えようとすることです。

さて、少しだけ私個人のことを書かせていただこうかと思います。

じつは私自身は、若いころにかかった病気のために、残念ながら子宝に恵まれませんでした。ですから、子育てをした経験がまったくありません。

大学では児童学を専攻し、大学院では教育学で学位をとったほど子どもを愛してやまないのですが、その本人が「親」になれた経験がない。そんな立場の私が、子育てや教育について、研究や執筆や講演をする資格はあるのでしょうか……。

これはよくご指摘も受けたことですし、私自身も悩んできたことでした。

しかし、その悩みとジレンマは、いまはもう小さくなってきました。なぜかというと、たくさんの親御さんのカウンセリングをするにつれ、こういうことに気付いたからです。

それは、「人はその当事者になると、物事が客観的に見えづらくなる傾向がある」ということです。

もし仮に、私自身が子育ての渦中にいたり、子育ての豊富な経験を持っていたりすれば、無意識のうちに「子どもはこうしないということを聞かない」とか「子どもとはこういうものなんだ」という私見が増してくるでしょう。これはどんなに気を付けても避けられることではありません。

しかし、私は誰の母でもないわけです。それはとても寂しいことですが、だからこそできることがあります。それは、**あくまで研究者として、中立的・客観的・公平に、「子育ての科学」を論じることができる立場にいる**ということ。これは研究者としてはむしろ幸運なことだと、いまは思っています。

本書は、このような私自身に与えられたちょっと不運な境遇を、ありがたい使命だと考えながら、学問の客観性を大切に執筆するよう心掛けました。あなたの大切なお子さんをとびきりの笑顔にする一助になれば、こんなに幸せなことはありません。

植木理恵

contents

CHAPTER 01 子育てには「正解」がある

CHAPTER 02
頭のいい子に育てる

CHAPTER 03
子どもの伸びしろを大きくする

CHAPTER 04 子どもを強くする

CHAPTER 05 子育てがおもうようにいかないとき

CHAPTER 01

子育てには「正解」がある

CASE 01

CHAPTER 01

他人の子育てをモデルにするのは間違いの始まり

「シングルケース」は参考にならない

世間から見ると、かなり変わった教育や子育てだけど……それによって大きな教育成果を挙げている親御さんや先生がいらっしゃいますよね。テレビや雑誌などのマスコミは、そんな教育に好んでスポットライトを当てるもの。だからでしょうか。個性的な教育ほど「よい教育法」であると考えるような風潮が、蔓延《まんえん》しつつあるようにおもいます。

最近では、自分のお子さんを何人も東大に合格させた教育ママや、テレビ番組で密着された大家族のパパのような、さまざまな個性や困難のある家庭での子育て奮闘記が話題になったりしています。

多くの方が、こうした人たちの教育を見て、心が励まされたり、いろいろなヒントを得たりすることがあるでしょう。何しろお父さんもお母さんも超パワフルで、子どもさんへの叱咤激励《しったげきれい》が力強い。感動シーンの連続でドラマティックですよね。うちもこうやればうまくいくのか！　と、取り入れたくなることが多いでしょう。

しかし、**これらはあくまで「シングルケース」であることも忘れてはなりません。どんな子どもにも応用できる「汎用《はんよう》性」を備えたものではない**……いいかえると、けっして「みんなに」役立つものではないということです。

なぜなら、テレビや本で紹介され、「こんな教育をやるといいんだな、よし、やってみよう」とおもわせる具体的な教育は、じつはこちら側の条件とはほとんど違っているもの。

たとえば、兄弟姉妹の構成や親の収入といった家庭環境も違えば、親自身の考え方や教育経験も違います。もちろん、子どもさんがもともと持っている性格やDNAや適性だって違う。家庭の数だけ個性があるわけですから、マスコミで紹介されたたった一つの成功談が、あなたの子育てにもそっくり当てはまる可能性は、残念だけど、統計的に考えればほとんどゼロなんです。

ですから、たとえばAママのユニークな子育てがいかに成功したとしても、それがBママの子育てにもそっくり生かせる確率はほとんどないと私は考えています。勇気をもらったり、感動させられたりすることはあっても、他人の教育の経験論から本当に学べるものはあまりありません。

科学的な見地からいうと、**何千、何万というケースから導かれたエビデンス（証拠）に基づくものでないと、生きた教育知識にはならない**のです。

健康法も子育ても同じこと

このことは、健康法を例にとるとわかりやすいかもしれません。

たとえば、１００歳をすぎて病院の経営者としても現役を続けられていた医師。80歳をすぎてエベレストに登頂した冒険家。そんな「スーパー老人」ともいえる方々の健康法はよくテレビや雑誌で紹介されたりしますね。とはいえ、普通の高齢者がそれを真似することもできないし、また同じことをすればかえって調子を崩したり、下手すればケガや病気の原因にすらなったりしかねないですよね。

スーパー老人さんが実践している健康法はあくまでその人の体質、身体条件、生活環境に合った特別なもの。普通の体力や体質の方にそのまま応用が利くわけではないのです。

じつは不安なパパママタレント

私はテレビ番組などでいわゆる「パパタレント」「ママタレント」とご一緒することがあります。

スタジオでは、みなさんご自身のすごく変わった子育てエピソードや、教育方針をお話ししてくれます。たとえば、「子どもが悪いことをしたら何か一発ギャグをさせるんです。もしそれがウケたら許します！」とか「新しいゲームを欲しがったら、買うかどうかジャンケンで決着をつけますよ！」とか……。

もちろんテレビですから、みなさんあえて面白おかしくお話ししているのです。じつは、そういうタレントさんに限って、楽屋裏ではまた違った一面をのぞかせることも少なくありません。

「先生、本当にこんな子育てでいいんですかね？　すごく不安なんですよね……」などと、スタジオのときとはうってかわって、お子さんについての大きな迷いや不安を口にするのです。

テレビに限らず、最近はインスタグラムなどで、一般の方もお子さんの可愛い写真や素敵なイベントの様子を発信されていますね。それだけを見ていると、いかにも子育てがただハッピーなだけで苦労がないように、傍《はた》からはおもえるかもしれません。

しかし、やはりご本人の本当の心のなかは違います。インスタも親子関係の一面をあえてポジティブに表現しているだけで、**実際は、誰しもが複雑な不安と迷いに揺れ動いてい**

るのです。

そうした不安はいまの現役世代の親御さんに、とくに広く見られます。その理由は「うちはこうして教育している」「こうしたら成功したらしい」という情報ばかりが拡散して、心理学や教育学の理論的な知識に基づいた、ベーシックな教育のあり方が見えづらくなっているからだと、私は考えます。

もちろん、経験主義的な教育情報に接して共感したり、慰められたりすることは悪いことではありません。ですが、**まずは科学的な子育ての理論で自分の座標軸をちゃんとつくっておくことが大事**だとおもいます。

CASE 02

CHAPTER 01

子どもの生まれ持った性格には4つの個性がある

4種類の個性によって「やる気スイッチ」は変わる

人間には生まれ持って変えられない、そして変えることを諦《あきら》めなければいけないDNAに定められた気質があります。

「諦める」というとずいぶんネガティブに感じられますが、私は「明らめる」という仏教的表現をイメージします。「これは天からあずかった宿命的な気質なのだ」と科学的に知り、そこをどう伸ばしていけば幸せな人生になるか、というポジティブな考え方をするのです。

DNAに組み込まれた気質を、親が無理やり違うものに変えようとするのは間違ったことです。お子さんの本来的な特徴を否定することは、お互いにとってつらいばかりでなく、子どもの可能性や輝きを消し去り、心の歪みとなって残ってしまうこともあるからです。

親は誰でもお子さんを見ながら、もう少しこんな性格になってくれたらいいなとか、あんな行動をとれる子になってほしいなとか、いろいろなことをおもうものですよね。しかし、子どもに特徴的に表れる性格傾向や行動パターンがDNAに由来するものだとすれば、それを無理に変えようとするのは酷《こく》なことだとおもいます。

それでは、私たち人間が生まれながらにして持っている気質とはどのようなものなのか、簡単に説明していきましょう。

私はさまざまな研究を通して、人の心の「形」はいわゆるハートマークではなく、たとえば木の年輪だとか、お菓子のバウムクーヘンのような、ぐるぐる巻きの重層に近いものではないかというイメージを持っています。そう仮定すれば、心理学研究で明らかになってきている心の機能や構造がスムースに当てはまりやすく、また説明できることが多いのです。

その重層は、左図のように大きく4つに分類されます。

心の年輪の深部から順に、「気質」、「環境的性格」、「社会的性格」と外に広がり、そしてもっとも表面的な樹皮の部分を「役割性格」といいます。役割性格は、本人の人格というよりは顔につけたお面のようなものですから、ペルソナ（仮面）とよばれることもあります。

「気質」のありようは先天的なもの

「気質」は先ほどから申しているように先天的なものです。お子さんは母体にいる胎児期からその気質を形成し、そして誕生してきたのです。次に、「環境的性格」はおおむね3、

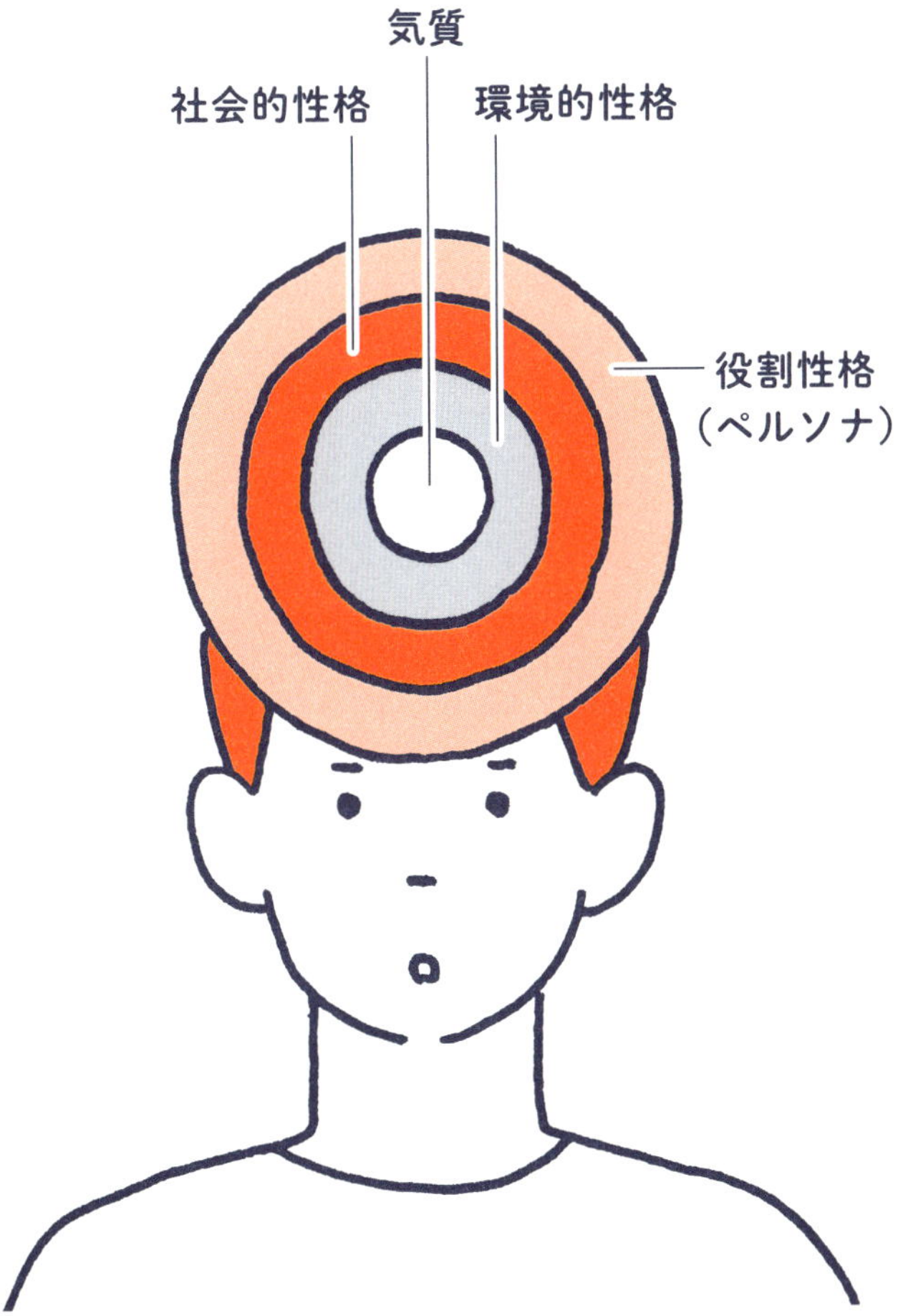
気質
社会的性格
環境的性格
役割性格
（ペルソナ）

4歳ごろまでに家族とのかかわりのなかでつくられてくる性格です。さらに「社会的性格」や「役割性格」は、学校や友だち関係、会社といった社会に出てから身に付けていくものです。

大人になると、その4層の年輪の外側ばかりに目が行き、内側にあるものがおろそかにされがちですね。たとえば、日本の企業では上司が部下を指導するときには「頑張れ」とか「しっかりやれ」の一点張りです。

しかし、人それぞれの気質というものを考えてみると、誰もがそういった励ましで、十把《じっぱ》ひとからげにやる気がわくはずがありません。もともとの気質によって「頑張れ」が効くタイプとかえって逆効果になるタイプがいるはずです。

子どもも同じです。**気質の違いによって親が同じようにやることでもマイナスの結果になってしまったり、プラスになったりするケースがあります。その個人差に大きくかかわるのが、心のもっとも深部にある「気質」のありようなのです。**

アメリカでは、どうすれば相手のやる気を引き出せるか、逆に何をするとモチベーションを下げてしまうのかはDNA配列に基づく気質によるものであるという研究が、1980年代から進んでいます。そこでは、どんなことがDNAによる気質だと唱えられているのでしょうか。現在のところ、次の2つのことが明確になっています。

それは「内向的」か「外向的」かということと、「情緒安定型」か「情緒不安定型」かということの2つです。これらは本人の努力や経験値とは関係なく、もともとのDNAに由来します。

内向的か、外向的か

あなたは、内向的でしょうか？　それとも外向的でしょうか？

まず、**内向的な気質とは、行動の決定を自らの内側に求めるタイプです。**つまり自分の心の尺度に従って動くような性質です。それに対して外向的な気質とは、行動の決定を外に求めるタイプです。つまり周りの状況に判断材料を見つけようとしたり、空気を読んだりする性質です。

たとえば、友人が風邪で寝込んでいると耳にしたとき、とにかく自分の判断で駆け付けるような人は、内向的といえます。

つまり、何か心配になると、いても立ってもいられない。いま駆け付けるのが、友人にとってベストかどうかということ以上に、「自分がいま心配だ」というように心を「内」に向ける性質。これを「内向」というのです。

一方で、外向的な気質の人は、友人が病気だと聞いてもすぐには動きません。相手や周囲のことを慮《おもんぱか》って「あの人はいま人に会いたくないかもしれない」とか、「気をつかわせてかえって疲れるかな」などと空気を読んで、駆け付けるような行動に出ないのです。**自分の感情をさほど重視せず、相手はどうなんだろうというように心を「外」に向ける性質。これを「外向」というのです。**

さて、あなたのお子さんはいかがでしょうか。どうしたの！　だいじょうぶ？　何しているの？　と関心のあることに、自分のタイミングで迷わず近づく子は内向的。反対に、だいじょうぶかな？　何をしてるのかな？　と、関心を持ちながらもいつまでも遠巻きにもじもじしている子は外向的。おおむねそう分けることができるでしょう。

ちなみに、内向的な人と外向的な人の割合は、民族、性別、年齢にかかわらずほぼ50％ずつであることがわかっています。つまり、内向的、外向的という気質は、どちらも同じように大切な気質だからこそ、淘汰《とうた》されなかった（残ってきた）遺伝子なのです。それぞれはあくまで個性であって、優劣ではないということが明らかなわけですね。

気質と「やる気スイッチ」の関係

	内向的	外向的
情緒安定型	安心感・明るいビジョンのなかで頑張りたい	自分で決めたことをやりたい、何をしたいか尋ねられたい
情緒不安定型	いろんなことよりも、一つのことに没頭したい	飽きるのが耐えられない、いつも新しいことに挑戦したい

植木（2013）対象：5 歳～ 11 歳児　510 名

　ということは、外向的な子どもに「自分の意志をはっきり持ちなさいよ（＝内向的になりなさい）」とか、内向的な子どもに「もっと空気を読んで他人に合わせなさいよ（＝外向的になりなさい）」とあまり強く指導するのは、まるで遺伝子を書き換えなさいといっているのと同じで、そもそも不可能である上に、本人を委縮させて長所をつぶすことになるのです。

　そうではなく、内向性・外向性ともに、「あなたのよさはそういうところにある。そういうところがお父さんお母さんは好きだ」というように、肯定して伝え続けることが、子どもさんの健全な自己愛を育むことには欠かせないのです。

情緒安定型か、情緒不安定型か

それでは、もう一つの気質である「情緒安定型」と「情緒不安定型」についてご説明しましょう。これも不安定型だから劣っているとか、安定しているからよいといった優劣の問題ではありません。単にどっちのタイプか？　というだけのことで、どちらにしてもその子どもの長所となるものです。

まずは大人にたとえてみると、**情緒安定型の人は、たとえば仕事や人間関係などでトラブルがあり、それが未解決のままであっても、「まあいまはいいか」と結論を先送りする傾向があります。**「曖昧さへの耐性」といういい方をしますが、それが強い人たちです。

反対に**情緒不安定型の人は、結論を出さないと気分がよくないという傾向があります。**曖昧なままグレーゾーンを放置することが苦手ですから、仕事でもやりかけのままにはせずに、結果が出るまで集中してやる傾向があります。心理学はどちらがよい悪いと区別しません。そういうDNAタイプを持っている、というだけのことです。

情緒安定型と情緒不安定型も、民族、性別、年齢に関係なく、ほぼ50％ずつの割合で存在することがわかっています。これも先ほどの内向的・外向的と同じで、不必要な遺伝子は人類進化の途上で淘汰されるものですが、気質といった心理に深くかかわる遺伝子は50％ずつの割合で長い間残っています。ということは、どちらも集団を形成する上で必要不可欠な遺伝子なのだということを示しているとおもいます。

さて、あなたのお子さんはいかがでしょうか。たとえば、一つの玩具《がんぐ》にばかり執着していたり、毎日のように同じ遊びに没頭したりして、その場から離れないタイプのお子さんは、情緒不安定型なのかもしれません。また、お絵描きや勉強などでも、一つうまくいかないところがあると次に進まない……というようなお子さんも、そのタイプの可能性があります。情緒が安定しないということは一見短所に見えますが、そうではありません。こだわり、真面目さ、集中力が強いという長所の裏返しなのです。

反対に、一つの遊びをしていたかと思えば、また飽きてほかの遊びを始めるとか、お絵描きや勉強がうまくいかないとパッと諦めてほかのことをし始めるお子さんは、情緒安定型である可能性が高いでしょう。白黒つけずに次に進んでしまうというのは、親御さんから見たらもっと集中してほしいなあと思うかもしれませんね。しかしこれは、明るさ、切りかえ力、挑戦心が強いということの裏返しなのです。

それではさらに、これらの「内向的」と「外向的」、「情緒安定型」と「情緒不安定型」といった気質を組み合わせてまとめてみましょう。理論的に、「内向的&情緒安定」「内向的&情緒不安定」「外向的&情緒安定」、そして「外向的&情緒不安定」という4種類の気質があることになりますね。

穏やか(Calm)な「内向的&情緒安定」型

まず1つ目。「内向的&情緒安定」型のお子さんは、**自分のなかに確固たるペースがあるタイプで、それを乱されるとストレスを感じるタイプだといえます。**

「80点以上じゃないと新しいゲームは買わないからね」とか「このペースじゃ間に合わないよ！　どうするの？」というように、焦らせることで火をつけようとされると、モチベーションはダウンします。穏やかな環境の下でのみ、頑張れるのです。

ですから焚《た》きつけるのではなく、「これができると、こんないいことが待ってるよ」「こ

風変わりな
「内向的＆情緒不安定」型

穏やかな
「内向的＆情緒安定」型

冒険心が強い
「外向的＆情緒不安定」型

リーダータイプの
「外向的＆情緒安定」型

こまで進むとこんな夢が叶《かな》うよ」といった、グッドニュースで導いてあげることがやる気アップにつながるのです。

風変わり(Eccentric)な「内向的&情緒不安定」型

2つ目。「内向的&情緒不安定」というタイプのお子さんは、**一つのことに没頭したい、それを邪魔されたくないという気持ちの強いタイプです。**

ですから、「同じことばかりしていないで、バランスをとりなさい」とか「平均点が大切」「トータルで物事を見なさい」といわれると、急にトーンダウンする気質を持っています。

そうではなく、たとえば1冊の漫画ばかり繰り返し読んでいたとしたら、そこをとがめるのではなく、むしろ感心してあげてください。「よく一つのことを飽きずにできるね。その力はすごい！」というように一点を褒《ほ》めるということを繰り返していると、じゃあほかのことも頑張ってみようというモチベーションがわきます。実際に、一点だけを褒めることで他の成績もしだいに上がっていったという研究報告もあるくらいです。

リーダータイプ（Director）の「外向的＆情緒安定」型

次に3つ目。「外向的＆情緒安定」型のお子さんです。こういうお子さんは、**誰かの指示を受けるよりも、自分がリーダーになって場をしきりたいというおもいがありますし、実際にそれが得意なタイプです。**ですから、親御さんや先生から「こうしたら？　ああしたら？」「あなたにはこれが向いてるよ」と勧められると、かえってテンションが下がってしまうのが特徴です。自分で決めて、自分が自分のリーダーになって頑張りたい子どもです。

お稽古《けいこ》でも遊びでも、何かを勧めるのではなく、「あなたはどんなことをしたいの？　知りたいなあ」「○○ちゃんは何が好き？　教えて」と、子どもの口からいわせるように仕向けてあげるほうが、張り切って頑張れるタイプなのです。

冒険心が強い（Blacklist）な「外向的＆情緒不安定」型

最後の4つ目。「外向的＆情緒不安定」型のお子さんです。自分の心の内側よりも、外側の世界に目を向け、白黒をはっきりつけることを好む。このタイプは、**とても冒険心が強く、たとえば留学などをすると大きな収穫を得て帰ってくると指摘されている子どもです。**

反対に、「いつでも同じ場所で規則正しくすること」「いつも同じようにふるまうこと」を教え込もうとすると、伸び悩むことが多いようです。もちろん規則正しさは大切なことですが、ふだん接する機会のない人の講演やイベントにつれて行ったり、新しい教材をどんどん与えてみたりと、フレッシュな環境を提示してあげると、親が想定しなかったくらい大きな学びを得ることが多いのが特徴だといえます。

心理学では以上の4つのタイプの頭文字をとって「BCDE遺伝子理論」と名付けています。実際に遺伝子を調べることもできますが、そこまでしなくとも、イギリスの研究では、お父さんお母さん、先生方が子どもさんの遊び方や物事への取り組み方を観察し、「この子は内向的か？　情緒はどうか？」と推測するだけで、その正解率は89・9％にものぼることがわかっています。これは統計的には相当高い数字です。

ですから、お子さんの「やる気スイッチ」がどこにあるのかを探るとき、この4種類のどのタイプに属するのかな、ということをヒントにしながら声をかけてあげるのも、効果的なアプローチの一つといえます。

ご覧いただいてわかるように、どのタイプもそれぞれいいものがあります。

親からすると、**子どもの気質や性格は、部分だけを見ればマイナスに感じられるような要素もあるでしょう。しかしながら、それは環境や条件によって魅力あるものにもなる、その子の生まれ持った個性なんだととらえることが大切です。**

CASE 03

CHAPTER 01

子どもがしっかりした自己肯定感を持つようになるには何が必要か？

自己肯定感が低い日本の若者

自分への肯定感を持てずに悩んでいる人がいま増えています。自分に対してしっくりこない気持ちを抱いている人が自己肯定感を上げるにはどうすればよいのでしょうか？

前項で説明したような生まれ持った個性をいかに受け入れるか、そして積極的にそれを認めていくかによって、子どもの自己肯定感は大きく変わってきます。アメリカ、イギリス、フランスなど先進5カ国における青年の意識調査を内閣府が数年前に行ったところ、**日本の若者の「自己肯定感」だけが群を抜いて低いという結果が出たことがありました。**

それは日本人が抱いている、こんな性格やあんな行動がとれる人間になりたいというイメージがどこか画一的な傾向を持っているせいかもしれません。そうしたものを親が子どもに対して一方的に押し付けたり、自分が思い描いたりすることで、先天的な気質や性格傾向が無視され、抑えつけられてしまうわけです。強い自己肯定感が持てない大きな理由はそこにあるのだとおもいます。

大人になって健全な自己肯定感を抱けない人は、おそらくそのように子どものときに親から生まれ持った気質や性格傾向を否定されてきたケースが多いはずです。

自分自身に満足している
(%)
100
50
日本
韓国
アメリカ
イギリス
ドイツ
フランス
スウェーデン
内閣府（2014）

ですから、自分に対してちゃんとした肯定感を抱けないまま大人になってしまうと、そこからいざ**自己肯定感を頑張って上げようとしても、なかなかおもうようにはいかないのです。自己肯定感をしっかり育んでいくには、赤ん坊のときから親がどう接するかが大きな鍵を握るのです。**

生まれ持った個性を大切にし、しっかりと育んでいくことこそ、子どもが揺るぎない自己肯定感を持ち、より幸せな人生を送る上で欠かせないことなのではないでしょうか。

CASE 04

CHAPTER 01

スキンシップが成育の大きな鍵を握る

「抱き癖がつく」のウソ

「抱く癖がつくと、抱かなければすぐに泣き止まなかったり、ぐずったりする。だから赤ちゃんは抱っこしすぎないほうがいい」。

古い世代の母親はそうおもっている人が少なくないようですが、発達心理学の研究では、それは間違いであることがわかってきました。

さまざまな研究によって、現在では反対に**抱っこを積極的にするほうが、赤ちゃんの発育にとってプラスであることが広く認識されています。**

まだ言葉を持たない赤ちゃんは、泣いたりむずかったりすることで、お腹が空いた、眠たいなどの「生理的欲求」とともに、「怖い、不安だ、寂しい……」といった「精神的欲求」を、養育者に懸命に伝えています。

ただの気まぐれで、お母さんを困らせようとおもって泣いているわけではないのです。

赤ちゃんは生きるために泣いているのです。

だから、泣いていたら抱いてもらえた……その経験の積み重ねによって「自分は生きていく価値がある存在なんだ」とはじめて知り、人を信頼し、自分を肯定的に認識する気持ちを育むことができるのです。

抱かれずに放っておかれがちな赤ん坊は、孤立感と不安感を膨《ふく》らませ、自立する心が育ちにくくなることもわかっています。

親子の愛情を築いているのはミルクのみではない

アメリカの心理学者、ハリー・ハーロウは、この抱っこのケースがアカゲザルの赤ちゃんではどうなのか？　を調べるためにこんな実験を行いました。アカゲザルは、脳や感情の機能が人間の赤ちゃんと比較的似ていることが知られています。

彼の行った実験はとてもシンプル。生まれたばかりのアカゲザルの赤ん坊を、2種類のまったく違うタイプのお母さんに育てさせたのです。

お母さんといっても、これは科学実験ですから、ロボットでつくられた人形を使って実験を行いました。

ロボット①は、ミルクの入った哺乳瓶《ほにゅうびん》を胸につけているお母さんです。ですから、近づけばいつでも美味しいミルクがもらえます。しかしなんと……このロボットはごつごつした針金でできているのです。ミルクはくれるけれど、硬くて冷たい体のお母さん。

反対にロボット②は、毛足の長い柔らかい布で覆《おお》われた人形です。触るととてもあたたかくてフワフワしています。ところがこのロボットにはミルクの哺乳瓶がつけられていません。①の真逆ですね。近づけば柔らかく包んでくれるけれど、どんなにお腹がペコペコでも何ももらえないわけです。

この実験が行われる以前の発達心理学の世界では、「乳幼児は母乳など栄養を与えてくれる存在に愛情を示す」と考えられていました。ところが、結果はその反対。

アカゲザルの赤ん坊は①のミルクはくれても針金でできた人形にはまったくなつかずに、②のように、ミルクはくれなくても柔らかく包んでくれる人形を明らかに好んだのです。

具体的には、すごくお腹が空けば、針金製の人形のところでとりあえずミルク補給をしますが、そうでないときは、ずーっと柔らかい人形にしがみついていたのです。なお、実験者のイタズラで、ジーコジーコと変な音の出るゼンマイを赤ちゃんの傍に置いてみたら、それに驚いた赤ん坊猿は、どんなにお腹が減っていても、②の柔らかい人形にまっしぐらに走り寄ってしがみついていました。

この実験からは、次のことが明確になりますね。**親子の愛情を築いているのは、ミルクのみではないのです。いくら栄養を与えてくれても、冷たい針金のように抱きつけないお母さんを、赤ちゃんは愛しません。**

この研究は、親子の心理学の概念を大きく覆《くつがえ》すこととなりました。養育者が重視しなければならないのは、栄養と同時に、日常的スキンシップ・抱っこ・体に触れ合うこと……これが、親子の愛情形成のみならず、赤ちゃんの「生命維持」にとって必要不可欠なのです。

その他にも、針金製の代理母で育った赤ちゃん猿のグループと布製の代理母で育った赤ちゃん猿のグループがそれぞれどのように成長するかを観察する実験も行われました。

すると、針金製のお母さんで育った赤ちゃん猿は、次第に異常に見える行動をとるようになります。たとえば、自分の指に噛《か》みついたり、毛を抜いたりするなどの自傷《じしょう》行為を繰り返すのです。

一方の、布製のお母さんで育った赤ちゃんにはそのような傾向は見られませんでした。

このような結果から、**母親が子どもに与えるべきものは、あたたかさや柔らかさである**とハーロウは考えたのです。

ハリー・ハーロウのアカゲザルの実験では、赤ちゃん猿は、ミルクをくれる針金の母親ではなく、ミルクはくれないが毛足の長い柔らかい布でできた母親になついた

スキンシップは信頼する心を育てる

赤ちゃんの時代が終わり抱っこが必要なくなっても、手をつなぐとか、肩を抱くとか、頭をなでるなど、親からのスキンシップを子どもは求めるものです。

子どもが表面上は照れたり嫌がったりしていても、**親は機会を見つけてはスキンシップをすることを億劫《おっくう》がってはなりません。これは親子関係の向上のみならず、子どもの心身・脳の健やかな発育を促《うなが》すことに直結することだからです。**

一例をあげると、すごく頻繁《ひんぱん》にスキンシップをしてあげるか、ほとんどしないかによって、子どもの「言葉の発育」の度合いがかなり違ってくることが明らかになっています。子どもがぐずって「抱いて」と親を求めれば、親は「どうしたの？」などといって会話をします。それが子どもの言語能力を培《つちか》うことになります。

抱っこをはじめスキンシップを絶えずやっている親の姿は、人によっては過保護に映るかもしれません。しかし、とくに**幼少期におけるこのような過保護なほどの愛情表現は、自分への基本的な自信を育み、他者を信頼できる心をつくるためには、必要不可欠なことなのです。**

日本人からすると、西洋人のスキンシップはときにオーバーに見えますよね。しかし、大人になっても積極的にそれを行う西洋人の習慣は、人が成育していく上で重要なことであり、教育面においても理にかなっているのです。その点で日本人はちょっと遅れているのかもしれませんね。

CASE 05

CHAPTER 01

早期教育の効果は かなり怪しい

早期教育が必要というエビデンスは少ない

これもマスメディアの影響でしょうか。運動でも語学でも「早期教育」の効果がよく取り上げられることもあって、幼い子どものお稽古事は以前にも増して盛んなようです。

しかし研究者の世界では、**「早期教育が必要である」というエビデンスは数少なく、むしろ早期教育による弊害《へいがい》のほうが数多く着目されているため、どうしてこんなに早期教育がもてはやされているのだろうかと違和感を覚えてしまいます。**

たとえばピアノなどの楽器は脳の発育からすると○歳までに始めないと高いレベルまで行かない、といった早期教育の「臨界期論」を脳科学の専門家はよく指摘します。

臨界期とは、たとえば昔の幼児教育のなかで「3歳神話」という表現が使われたように、3歳までにできなかったら後はもう間に合わない、という限界点、すなわち臨界期の重要性を唱えたものです。

人間の心には可塑性がある

発育の限界点を示している研究は散見されますが、心理学はそれにこだわらず、むしろこの考え方とは反対の人間観を持ち合わせています。それを「脳の可塑性《かそせい》」とか「心の可塑性」という言葉で表現します。

可塑性とは、もともと物理学の専門用語で、聞きなれない言葉ですよね。たとえばプラスチックを想像してみてください。常温ではカチカチで変形しないけれど、加熱をすればグニャッと軟らかくなって形を変えて、再びそれを冷やすとまたカチカチに戻りますよね。こういう柔軟な素材の性質のことを指します。

心理学では、人間の心や脳にも、この可塑性という性質が当てはまると考えているのです。

早期教育をしたとか、年をとるまで勉強しなかった……という一定の環境のみで脳が固まってしまうのではなく、たとえば学校に行くようになれば能力が急速に伸びたり縮んだりもする。また思春期などには心をすっかり閉ざしてしまうけれど、年を重ねれば感情豊かに心を開くようになったり、反対にストレスによって心を病んでしまったりすることもある。

このように、**人生のなかで与えられるさまざまな「状況」によって、脳や心は常に変化をするものだ**という前提で、人間をとらえているのです。

私自身は、この可塑性という考え方は、人間の生きる力、本質というものをよくとらえていると思います。第一、臨界期論や限界論は科学的にエビデンスを出すのが極めて難しいのです。

たとえば、英語をネイティブのようにスラスラと話せるようになるには、○歳ごろまでに始めないとダメといったことがよくいわれますが、そのことを証明するには、40歳をすぎてから海外に10年間住み、英語でネイティブと対等にコミュニケーションがとれるほど上達した人の脳が明らかに異常であることを証明しないといけません。

つまり、早期教育に効果があり、かつ、早期教育をしなければ「間に合わない」ということは、論理的・科学的な真実として証明できないのです。

CASE 06

英語の早期教育は「考える力」を弱める

必要ない情報を脳は自然に削っていく

早期教育というと、たいていの人はプラスの面ばかりを見がちですが、反対にマイナスの影響も考慮する必要があります。

マイナスの影響が端的に生じる可能性を持つのが、英語など第2言語の早期学習です。英語圏のネイティブはRとLの音を自然と聞き分けたり、発音できたりしますが、日本人にはそれができません。英語圏で生きていくには、RとLの違いは重要なことですが、日本語を日常的に使う人間にとっては、その違いを区別する必要がありません。

必要がないと判断されたものについては、脳はどんどん削っていきます。脳の活動には節約原理が働くからです。

認知心理学では、「脳は節約家である」とか「脳はケチである」といった表現がされます。どういうことかといいますと、日常で必要ない情報は、脳は取り入れたりため込んだりせずに、外にはじいてしまう性質があるということです。

あなたは「R」と「L」の発音の区別が上手にできますか？　とても微妙な違いですから、これはネイティブにしかうまくできません。

ところが、**じつは私たちは誰しも生後数か月くらいまで、この微妙な違いを完全に聞き分けることができていたのです。**

しかし、日本語を習得する上で、その分別力は不必要なものになってきますよね。日本語を話す上で、舌を内側に巻いて「R」という必要もなければ、舌を上の歯につけて「L」という機会も少ないでしょう。それよりも、明確に「ら・り・る・れ・ろ」といえるほうが、美しい日本語の発音ですよね。その日本語環境に、私たちは生後まもなくしてさらされることになります。

そこで、「節約原理」「ケチ脳」の登場です。日常的に不必要な労力・能力を、脳はどんどんカットしていきます。生きていく上で必要のないことまで、脳は重い認知負荷を背負いません。

言語をごちゃ混ぜに覚えると子どもの脳は混乱する

人の「成長」とか「学習」とかいうと、正しくて新しいことを覚えていくことを想像されるとおもいます。

しかしそれだけではありません。脳の成長とはたんにさまざまなものを足していくことではなく、こうしてさまざまなことを引き算のように削っていくことでもあるのです。**私たち人間は、いらない情報か？　いる情報か？　ということを、子どものうちから本能的にソーティング（分類）しているわけですね。そしてそのソーティングこそが、学びの根幹なのです。**

ところがどうでしょう。こういう機能をないがしろにして、英語の微妙な発音と日本語を、いわばごちゃ混ぜに教えてしまう。日本人に囲まれた生活をさせながらも、言語だけバイリンガルに育てようとする。これでは脳の言語機能はある種の混乱をきたすことになります。

まだ母国語がしっかり定着していないうちから第2言語を頭に押し込もうとすると、それらの微妙な違いを区別できなくなります。

その結果、母国語も第2言語も両方の成績が悪くなるという、どっちつかずの能力しか育たない危険性があるのです。

ところで、脳が不必要なものを削るということは、人間にとってどんな利点があるのでしょうか。

それは、**削られずに残される情報がより強く記憶に定着する。つまり深化に向かうということです。**

たとえば、何かを表現するとき、日本人なら日本語という一つの言語を用いて、あれこれ試行錯誤しながら微妙な「綾《あや》」や「深さ」を表現しようとしますよね。どう表現したら伝わるか……知っている日本語を選んだり組み合わせたりと、私たちは会話をしているときには、同時に忙しく思考を巡らせています。

一方、日本語と英語のバイリンガルの機能を持つ脳であれば、それぞれの言葉で表現を掘り下げようとするベクトルが弱くなります。日本語と英語、その両方で考えることができても、思考そのものが深まらないのです。

ですから、早期教育によるバイリンガルでありながら、どちらかの言語での文豪や文学者になることは難しいでしょう。

このことからいえるのは、**物事をしっかり掘り下げて考えられるようになるには、まずは土台となる母国語をしっかり身に付けることがとても大事であるということです。**

外国語の越えられない壁

このような現象に付随して、心理学者の高野陽太郎氏は「外国語副作用」ということをいわれています。

それは、**第2言語にどれほど習熟しても、母国語の人と話をするときには越えられぬ壁があり、必ずマイナスの作用が伴うというものです。**

たとえば、あなたが日本人の知り合いと会話をしているところを想像してみてください。相手が話をしているとき、あなたは相手のしゃべっていることを1から10まですべてちゃんと聞いているでしょうか？　相手の目を見ながら熱心に話を聞いていたとしても、じつは100％漏らさず話を聞いているわけではありません。すべてを聞くのは、不可能なことなのです。

なぜなら、話を耳に入れながら、「これにはこういう返事をしよう」とか「相手の話に賛成できそうか？」というように、常に会話の次の一手を考えなければ会話が流れていかないからです。

すなわち、相手の話をヒアリングすることと、次に自分が何を話すかを考えることの2

つの作業を同時に行わなければならないのです。無心に話を聞くだけという状況は、ほとんどないでしょう。

会話とは、ヒアリングしながら自分の意見を考えること。つまり、デュアルタスク（二重の仕事）をこなすことが必要なわけです。ところが、学習によって身に付けた英語でイギリス人と会話をすれば、相手がしゃべる内容を聞きとることに100％集中せざるを得なくなりますね。聞き逃すまい、ということで頭がいっぱいになります。デュアルタスクどころではなくなります。

自分が次に何を話そうかといったことまで頭が回らないので、深い会話が成立しづらい。

外国語でコミュニケーションをとるのはいかにも知的ではありますが、じつは思考がおろそかになるという副作用もあるのです。

「社内公用語」の弊害

最近は「社内公用語」を英語にするという企業が増えているそうです。ビジネスのグローバル化という状況を考えると、英語が使えなければ国際社会では通用しない！と考えている経営者が少なくないからでしょう。

以前は「英語を公用語にするなんて社員の負担が大きく、仕事の支障になる」という批判もけっこう聞かれましたが、いまでは国際社会に対応すべく、社員が英会話スキルを向上させるのは当たり前といった雰囲気があるようです。

しかし、それはあながちよいことばかりだとは思えません。先の「外国語副作用」というものを考慮すれば明らかではないでしょうか。

英語を社内公用語にすると、仕事のさまざまな面で、じつはマイナスの影響がもたらされるとおもいます。

英会話を取り入れることは英語上達のトレーニングにはなるかもしれませんが、お互いにヒアリングにばかり気をとられて、深い思考と円滑なコミュニケーションは難しくなります。会議でも自分が考えていることを十分に表現できず、そのために新しい提案が通らなかったり、上司からの評価が低くなったりすることだってあるでしょう。

海外の会社との取引では、当然ですが英語をネイティブとする相手がイニシアティブをとることが多くなります。日本人が頑張って英語で交渉しても不利なばかりです。

こうしたことを考えれば、社内公用語を英語にしてまで身に付ける英会話は、かえって大きな経済的損失を招くことになるかもしれません。仕事をしゃにむに英語でこなそうとするのは、格好はよいかもしれませんが、実益は小さくなるという認識を、冷静に持つべきだとおもいます。

もし海外とのやりとりなどで英語を使わなくてはいけない状況であれば、そのときは無理に英語で話すより、通訳を使ったほうがよい結果を導くはずです。つまり、ヒアリングはプロの通訳にお任せする。そしてこちらは答えを考えることだけに集中するということです。

まずは日本語をしっかり身に付けること

このように、大人でさえ外国語副作用が生じて混乱するわけですから、小さい子どもの場合はなおさらです。まだ母国語さえ未成熟な脳に、外国語の早期学習をやりすぎることには問題が伴います。

英語の学習時期が遅いとネイティブのような発音は絶対に身に付かないといって、幼児期から熱心に英会話を学ばせる親御さんも少なくありません。しかし日本語の学習能力を削ってまでも、ネイティブレベルの発音をさせることが、お子さんにとって本当に将来有益なのかは疑問です。

まずは日本語をしっかり勉強して身に付けることです。せめて5歳くらいまでは、日本語だけをしっかりやることを勧めます。

いっぱい話しかけて、丁寧に話を聞いてあげる。できるだけ毎日のように本を読んであげたり、本を読ませたりする。

子どもに英語を学ばせたいなら、そうやって日本語の土台をちゃんとつくってからやることをお勧めします。

CASE 07

子育て上手になる「ふすまの心理」

日本人独特の距離感

日本人には西洋人にはない、人に対する独特の距離感があります。私はそれを「ふすま」的な感覚と名付けています。木と紙でできた伝統的日本家屋に欠かせない引き違いの戸、ふすまには日本人らしい対人感覚が表れているように感じるからです。

西洋式の家であれば、部屋はドアで仕切られ、部屋に入る際はコンコンとノックをして入らないといけません。ドアの向こうからは部屋のなかにいる人が何をしているかはまったくわかりません。反対にいままで一緒にいた人がドアを開けて部屋から出ていくと一人残されたような気分になったりします。

それに対し、ふすまはその向こうにいる人の気配が感じられます。**ふすまのある家では、ふすまの向こうとこちら側にいる人が互いの気配を感じながら違うことをしています。相手とべったり一緒にいるのではなく、かといってまったく離れてしまうのでもない微妙な距離感。**この感覚が日本人は好きなのだとおもいます。

そんなふすまの距離感覚が子どもと接するときにとても重要になります。**子どもは、少なくとも思春期前くらいまでは、親に対し自分のことを見ていてほしいという気持ちを強**

く持っています。

子どもが難しいなとおもいながらしている勉強を親が代わってするわけにはいきません。そんなとき親は「ちゃんと最後までやるのよ」といって、別の部屋に行ってしまうのではなく、「勉強している間、お母さんはミシンでバッグをつくるね」といって、母親は母親で頑張っている気配を子どもに感じさせる。子どもがリビングでゲームで遊んでいたら、その横でお父さんが雑誌を読んでいる。

子どもに話しかけるわけでもなく、かといってまったく子どもの存在を無視しているのでもない、**まさに子どもとの間に見えないふすまがあるような感覚が子どもの気持ちを心地よい状態にさせます。**

公園の砂場では、砂山をつくって遊んでいる子どもの傍に別の子どもがやってきて、同じように山をつくって遊ぶということがよくあります。面白いのは、子どもたちが協力して一緒に一つの山をつくっているときより、そういうときのほうがずっと長い時間、夢中になって延々と山をつくり続ける傾向があることです。

一緒に何かをする協働《きょうどう》作業は、楽しいけれど同時にしんどさもあります。それゆえ、熱くなるけど冷めるのも早いのです。それに対し、ふすま的な距離感を置きながらそれぞれが別のことをやると、伸び伸びとした心持ちになってとても落ち着くのです。

子どもの発達段階を辿《たど》ると、最初は一人遊びから始まります。次に2、3歳ごろから子ども同士が群がるなかでそれぞれが独立した遊びをするようになります。ふすま感覚が重要な時期です。

8、9歳くらいになると、一緒になって一つのことをやろうという相互関係の遊びになっていきます。このようにふすま的な感覚を中心に置いた時期は長く、子どもの心の成長を基礎づける大切な時期といえるのです。

川の字に寝ることの効用

子どもがある程度大きくなるまでは、親は子どもと一緒に川の字になって寝るといいとよくいわれます。これもいってみればふすまの感覚です。

寝床に入って寝付く前に子どもと会話をすると、起きているときにはいわないような心の内をポロッと話してくれたりします。**寝床でのちょっとしたコミュニケーションは、子どもの深い気持ちを知ったり、親と子の信頼関係をより深めたりする効果があるのです。**

就寝前の寝床では親が読書灯の下で本を読んだり、その傍らで子どもがときおり親におしゃべりをしてきたりします。向き合うのでもなく、かといって相手を無視するのでもない、ふすまの距離感がそこにはあります。

これは親と子だけのことではなく、大人同士でも同じではないでしょうか。

誰か人と一緒にいるときは同じことを向き合ってするものだという感覚を多くの人が持っています。しかし、現代人はその感覚が強すぎるあまり、人間関係に疲れたり、うつ気分になったりすることもあるのではないでしょうか。

人と人の間にふすまの距離感を置く。それは夫婦でも、友人でも、すべての人間関係において、本来欠かせないものなのかもしれません。

「一緒に何かをする」と「無関係」の間にこそ、心地よい関係を長続きさせる秘訣があるのだとおもいます。

西洋の文化では子どもは「小さな大人」

日本とは違って、西洋人は川の字になって子どもと一緒に寝ることをほとんどしないようです。わりと早い段階から、子どもは自分の部屋で寝させられます。西洋の文化では、子どもを「小さな大人」というとらえ方をし、未熟ゆえに厳しく鍛えなくてはいけないという発想をします。

しかし、日本には「子宝」という言葉があるように、子どもは大人とは別個の存在としてとらえられ、特別な宝物のように大切にするものという感覚があります。そしてその文化は昔もいまも、変わりはありません。

発達心理学では、子どもは文化や国柄にそった育て方をされるべきだと唱えられています。ですから、周囲はみな日本古来の親子密着型なのに、自分のうちだけ西洋風に親子間のプライバシーを重視されるのは寂しいものでしょう。

たとえば、お友だちはお母さんとお風呂に入ったり一緒に眠ったりしているのに、自分だけが大人から離れてお風呂やベッドルームへというのは、子どもの自己肯定感の成長を妨げてしまいます。自分は嫌われているんだと思い込んでしまうのです。

もし、あなたが、子どもがまだ小さいのに海外の育児文化を取り入れようとしているとしたら、それには慎重にならなくてはいけません。「ふすまの文化」と表現しましたが、そういった日本文化にそった距離感覚を大切にしてあげるほうが、子どもは健やかな気持

つかず、離れず、日本人特有の
「ふすま」の距離感が大切

ちで成長することができるのです。

海外の文化を育児や教育に取り入れるのは、子どもさんが小学校高学年〜中学生くらいになって、本人が興味を持ち始めてからで十分だとおもいます。

CASE 08

CHAPTER 01

「しつけ」のしすぎはマイナス

食事のマナーにうるさすぎるのはマイナス

子どもへのしつけはどのようにすればいいのか？　という質問をよくされます。

お箸《はし》の持ち方はこうしなさい、テレビを観ながらご飯を食べてはいけない、挨拶《あいさつ》はちゃんとしなさい。こういう生活のマナーを伝えるのは、たしかに親の役割ですね。しかし、こと食事のときにあまり口うるさくするのは、心理的にマイナスが大きいことがわかっています。

なぜなら、**子どもの成長には、食事による「栄養摂取」とともに「リラックス摂取」というものが欠かせないからです。**伸びやかな心が育つにはリラックスして一人で自由になんでもできる時間がとても大切なのです。

ですから、食事のときに「お茶碗の音を立てないで」「猫背になって食べない」といったことを毎度のようにうるさくいわれたりすると、当然ながらリラックスして食べられなくなります。すると、同じ食事を摂っても消化機能が落ちるため、栄養摂取効果が下がってしまうのです。

こんな実験があります。食事のときに親子で今日の出来事を話さなくてはいけないグループと、何も話さなくてもいいグループをつくり、どちらの子どもがリラックスして食事に集中できるかを確かめたもの。結果、親子でおしゃべりしながら食事をする前者より、後者のほうがずっと子どもは安心して食事をしていることがわかりました。

黙っていてもいいという自由度があるため、子どものリラックス摂取度が高かったのです。

子どもだけでなく、大人もたまには一人でご飯を食べることを欲していたりしますよね。もちろんおしゃべりをしながら食事するのは幸福なことですが、必ずいつも誰かと話をしながら食事をしなければならないとなると、あんがい疲れるものです。疲れているときなんかは、一人で静かに食事するほうがリラックスできることもあります。

かつて「ランチメイト症候群」という言葉が流行ったように、一人でご飯を食べる姿は寂しいとかみじめとかといったイメージを持つ方もいます。でも、**個食は本来心からのリラックスをもたらしてくれる効果が高いのです。**

栄養摂取が重要な子ども時代は、なおさら食事の時間が大切ですね。食事中は少々お行儀が悪くても、できるだけ楽しく穏やかに過ごさせてあげるべきです。マナーやお行儀は、食事の時間以外のときにしっかり教えてあげて、食事が始まったらもうそういう話は切り上げるべきでしょう。

ダメ出しを重ねると子どもは萎縮する

また、しつけや注意を必要以上に口うるさくすると、子どもにいわゆる「ダメ出し」を何度も繰り返し行っているのと同じことになります。何度もいったことができなかったりすると、その言葉もだんだん厳しいものになってしまいますね。

けれども「できない」ことがあるたびに、親が「できないね」というのはダメ出しを重ねているようなものです。いってみれば「また0点をとってしまった」と子どもがクヨクヨしているときに、さらに親がしつこく「0点だね」と言葉をかぶせる必要はないのです。

親から「あなたはできない」というメッセージを日常的に受け取っていると、子どもは当然萎縮《いしゅく》していき、親に隠しごとをするのが習慣になることがわかっています。さらに、蓄積されたストレスを友だち関係や学校で発散することで問題行動を起こしてしまう子どもも少なくありません。

あなたは、小さいころに親御さんと話した「内容」について、どのくらい詳しく覚えていますか？　こういうアンケートをとってみると、何を話したかということは、意外とたくさんは思い出せないものです。

ところが、お母さんがどんな食事をつくってくれたかということになると、今度は鮮明に思い出せます。それだけ食事時間の記憶は強いのです。

大人になってからそうした記憶がたくさんあることは、見えないところでの支えになってくれます。そんな大切な食事の思い出に、しつけによるダメ出しの記憶ばかりが混じったりするようなら、それはつらいことです。

社会性を育む過程で、他人に迷惑をかけたり、不快な思いをさせたりしないためにも、さまざまなルールやマナーを教えるしつけはもちろん必要です。ゲームを長時間させないとか、勉強する習慣をつけさせるとか、子どもが成長していく上で欠かせない大事なしつけもあります。

ですが、それが食事や睡眠といったリラックスするべき時間にまで及んでしまうと、お子さんの心の成長にとって大きなマイナスになってしまいます。ですから、**たとえばマナーなどについて注意や指導をし終わったら、「わかったね。じゃあご飯にしようか」「よし、おやすみ前の絵本を読もうか」と、笑顔に切りかえてあげることが重要です。**

のべつ幕なしにダラダラと小言を続けられると、子どもの心もダラダラと覇気《はき》のないものになります。厳しさと甘さのメリハリのなかでこそ、子どもの心にも礼儀や社会性といったメリハリが育っていくのです。

CHAPTER 02

頭のいい子に育てる

CASE 01

「勉強ができる子」とは、「勉強する習慣」を持った子

椅子に座って何かをする「習慣」を持たせる

「もっと勉強をしてくれたら……」。親であればたいがい、そのような嘆きを大なり小なり持っているのではないでしょうか。

なかには「うちの子は勉強に向いていないのでは？」とすら感じている方もいるとおもいます。

しかし、勉強に関しては、スポーツのように「できる・できない」とか「向き・不向き」といったことはあまりありません。勉強が得意かどうかは、その子どもが勉強をする「習慣」を持っているかいないかの違いによるからです。

勉強のできる子は、勉強することがさほど特別なことなのではなくて、たとえば歯磨きやトイレに行くのが当たり前であるように、毎日とりあえずは机に向かうことが生活の一部になっています。

もちろん、いきなり勉強をさせるというのは難しいことですが、お絵描きでも絵本読みでもパズルでも、内容はなんでもよいのです。できれば**小学校に入る前には、とにかく一日のなかで何かを描いたり読んだりという時間をつくることです。**

椅子に座って何か読み書きする時間が一日のうちにある、ということが小さいころからの生活習慣になっている子は、そのまま小、中、高校生になっても「勉強する習慣」を持ち続けることがわかっています。

バカにできない「小1プロブレム」

「小1プロブレム」という言葉をご存じでしょうか。1990年代ごろから、教育現場では社会問題として取り上げられていることなのですが、小学校に入学したばかりの1年生が、学校というものにまったく適応できないために起こす行動のことです。

たとえば、「ハイ並んで」「みんな前を向いて」といった先生のかけ声に反応できない、順番を待ったり給食をそろって食べたりといった集団行動がとれない、あげくには、授業の間でも教室をウロウロしてしまう……。

これらは、子どもに基本的な生活習慣やストレス耐性がまだ身に付いていないいまま、小1になってしまうことが原因とされています。

そして、こうした落ち着きのない行動を起こす子どもは、その後、高学年になっても、中学生になっても問題傾向を持ち続けることが少なくないことが指摘されています。

つまり、**学校生活に適応できる程度の基本的な生活習慣を幼いころに家でちゃんと身に付けていないと、その習慣はその後もずっと続く可能性が高い**ということです。習慣の力はそれだけ根深くて強固なのですね。

スモールステップで順番に習慣をつける

勉強も同じで、小さなころからいかに習慣をつけさせるかがとても重要になります。一般的なテストや受験成績などに関しては、子どものＩＱとか、もともとの頭のよしあしが大きく関係するものではないのです。教育心理学では、いかに勉強の習慣化がされているかということが、もっとも強く成績につながることが示されてきています。

ですから、たとえば子どもさんが漫画や本を床に寝転がって読んでいたら、「椅子に座って読んでごらんよ。そのほうがもっと面白く感じるんだよ」とか、「ご本を机に置いて読んでごらん。読みやすくなるし、そのほうがカッコいいよ」といった言葉がけをしてみましょう。そしてそれができていたら、何度でも褒めてあげてください。

本を読む、ものを書く（描く）という行為と、それを「机の上で」「自分の部屋で」行うということが子どものなかで「当たり前のこと」になるのが大切なのです。この習慣が身に付いた子どもは、小学校に入っても、毎日机に向かって宿題や読書をするということが、大きな苦痛ではなくなります。

もし、自分の部屋で本を読むなど、一人で何かをする習慣がついていない子どもさんであれば、最初はいきなり「勉強部屋で」という条件をつけるのではなく、まずはリビングでも食卓でも、親が何か他のことをしている傍らで勉強をさせることから始めるとよいとおもいます。

親とおしゃべりをしながらでも、とにかく座って勉強させる時間を、たとえば小1の子であれば30分以上はつくるようにしてください。「机について勉強する」「自分の部屋で宿題をする」といった2つのことが習慣化していない子どもに、同時に両方をさせるのは無理があります。

もし、そういうことでさえ難しいお子さんであれば、まずは、寝転がった姿勢であっても学校の宿題をちゃんとする習慣をつける。それができるようになってから座ってやらせる。そして今度は机に向かわせることを促す。最終的には部屋で一人で勉強するようにと

東大生のもつ特徴の順位

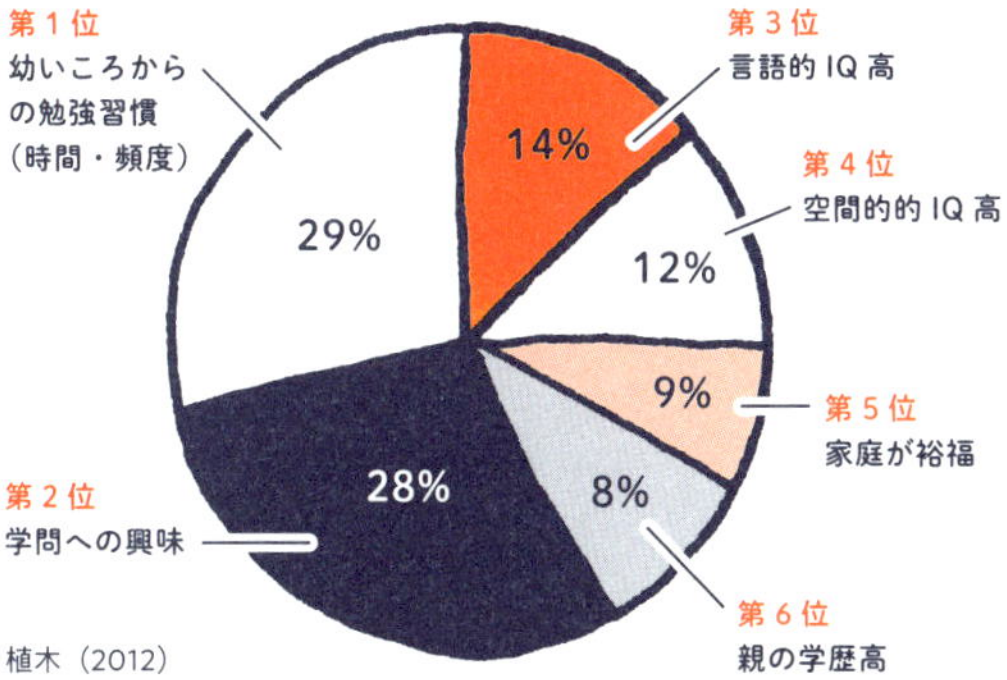

植木（2012）
対象：東大生1，2生　380名

東大生に複数の心理検査を行い、どんな要因が大きく学歴に影響しているのかを測定。（10段階評定）右記の6つの因子について全員が高得点であったが、とくに「幼いころに勉強習慣をつけられた」が高得点の人が最も多かった。

導く……このようにスモールステップを順番に一つずつ経て身に付けさせなければなりません。

こういう習慣化を子ども時代に身に付けていないのに、高校生になったときにいきなり大学受験の勉強に集中するのは無理な話なのです。勉強を歯磨きやトイレのような、生活のなかの一部に導いてあげることが、幼いお子さんを持っている親御さんの使命だと思います。

CASE 02

勉強がどこまでも伸びる子は、３つのことをやっている

物量・方略・環境

勉強でもスポーツでも、どういうやり方を信じて、何をするかによって、その人の伸び方はまったく変わってきます。

Aさんはこんなやり方をするけど、Bさんはこういうやり方をする。Cさんはあんなやり方をする。人それぞれ「自分ならこうやって勉強やスポーツをするのが一番力がつく」と半ば無意識に信じているものがあります。

それは大まかにいうと、3つに分かれます。

一つは**努力をする量で結果が決まると考える「物量志向」。**もう一つは努力する方法が大事だから、**その方法を考えながらやっていくという「方略《ほうりゃく》志向」。**あと一つは、人は環境や条件に大きく左右されるので、**なるべくいい環境に自分を置こうとする「環境志向」。**ほとんどの人はこの3つのうちのどれかに固着しています。

この3つともすべてをバランスよくやっている人は、私が調べたところではじつに全体の1・9%しかいません。98・1%の人は3つのうちのどれかに固着して（あるいはどれもしないで）、それを変えることがないのです。

恋愛でいえば、「物量志向」の男性は、好きな女性にバラの花を10本贈って相手が喜ばなければ、今度は100本プレゼントしようと発想します。

「方略志向」の男性は、バラの花をプレゼントして思わしくない反応が返ってくれば、今度は相手の趣味や嗜好《しこう》を分析し、花とは違う別のものをプレゼントします。つまり、うまくいかなかったら同じことを繰り返さないわけです。

「環境志向」の男性なら、花を宅配便で送って相手からいい返事がこなければ、今度プレゼントを渡す場所はお洒落《しゃれ》なレストランにしようと考えるかもしれません。環境が間違っていた、と考えるわけです。

さて、日本人の多くは「物量志向」です。「物量志向」かつ「方略志向」かつ「環境志向」の人間はほとんどいないわけですが、**トップアスリートといわれるような人は、3つともやっていることが少なくありません。**

たとえば、フィギュアスケートの羽生《はにゅう》結弦《ゆづる》選手やメジャーリーガーのイチロー選手などは、「物量志向」「方略志向」「環境志向」のそれぞれにおいて最大限できることを実行しているように見受けられます。

彼らは練習量はいうまでもなく、練習の方法についても細かく研究しながらそのときど

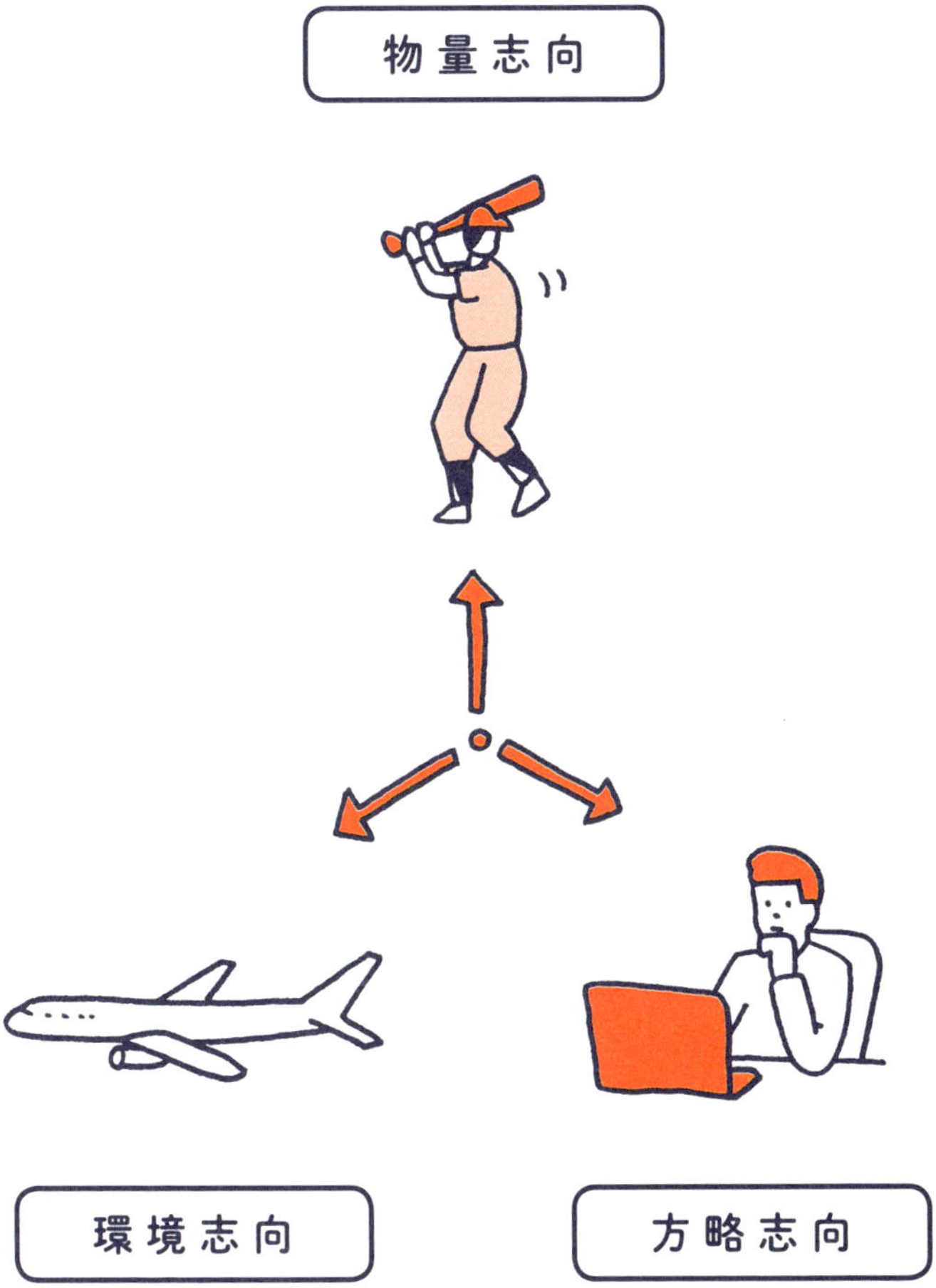
物量志向
環境志向
方略志向

きに応じて最善のものを考えてやっているでしょうし、アスリートとしてより上を目指すために、海外遠征を積極的にしたり、メジャーという環境を選んだりしているのではないでしょうか。

3つの志向を親が意識して導く

勉強でも運動でも何かのお稽古事でも、子どものやる気を生み出し、伸ばしてあげるには、この3つの志向を親が意識してうまく使ってあげるといいのです。

「頑張っているのは偉いけど、やり方を工夫するともっとよくなるよ」とアドバイスして、「方略志向」に気付きを与える。「環境志向」を意識して、「落ち着いて勉強できるようもう少し部屋をきれいに整理しようか」といって部屋の片づけをさせたり、いい刺激を受けさせるために優秀な生徒がたくさんいる有名塾に通わせたりする。

「物量志向」「方略志向」「環境志向」すべてを意識してやっていくのは、なかなか大変ですが、ちょっと意識して、それを実践していけば、子どもの育ち方、伸び方はかなり変わってくるはずです。

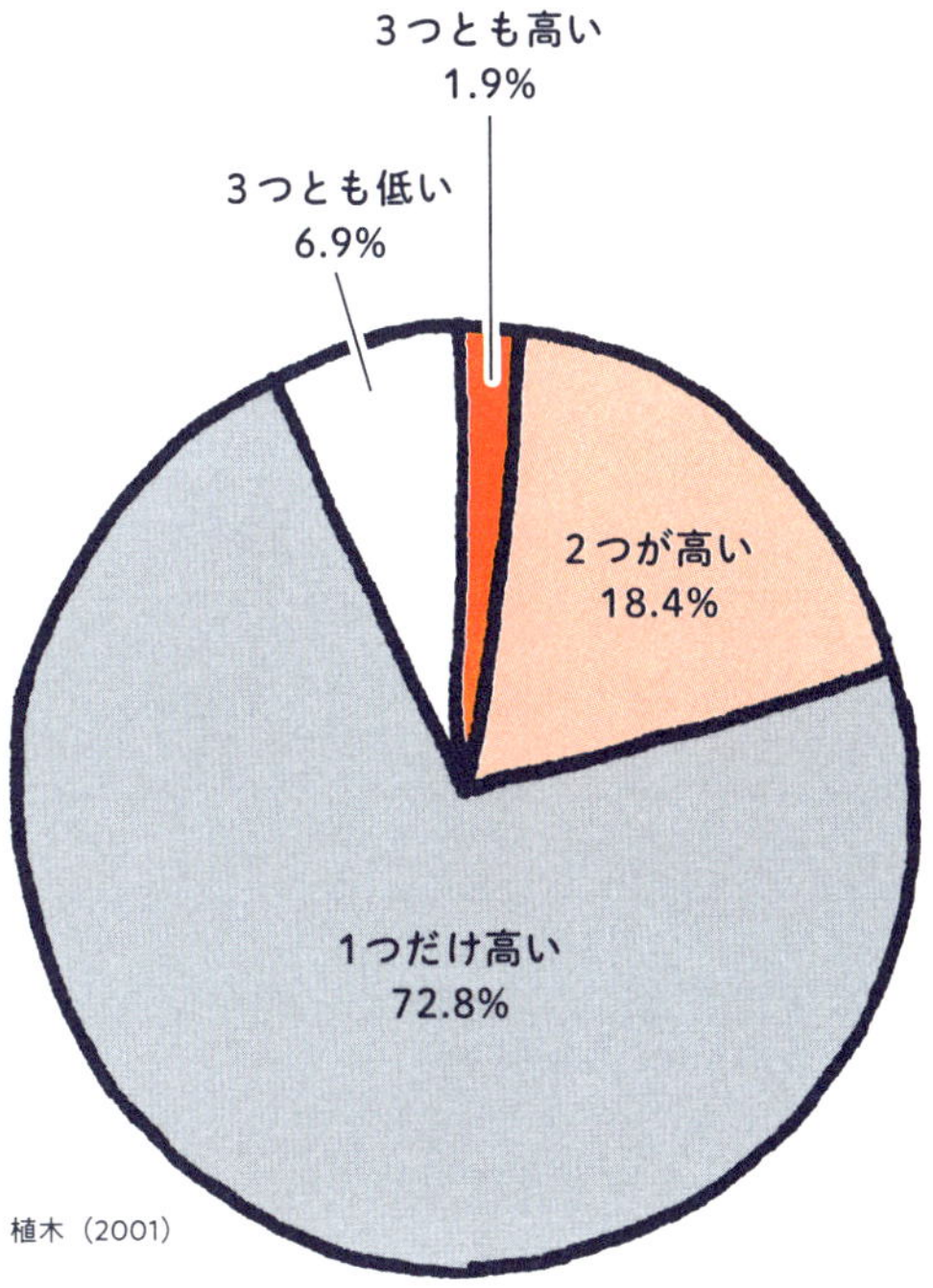

1.9%の天才は、物量志向・方略志向・
環境志向の３つとも実践している

CASE 03

「考える力」を養うにはアウトプットの機会を与える

誰かに伝えるアウトプットが重要

日本の学校教育のスタイルは、知識を上から押し付けるような授業形態がベーシックです。西洋の子どもに比べると、知識はたくさん持っているものの、自分で「考える力」が育ちにくいという批判があります。

それはまずいことです。なぜなら、「考える力」をしっかり育てなければ、物事の意味を深くとらえたり、目には見えないリスクを予想したりすることが苦手になってしまうからです。また、思考を重ねて新しい発見に至ることや、人とは違った発想でアイデアを出すことが難しくなります。

「考える力」を身に付けることは、長い人生を生きていく上で、この上なく重要なことの一つです。では、「考える力」をつけるにはどうすればいいのでしょうか？

たとえば、本をたくさん読ませたら身に付くのでは？　という考えがありそうですね。しかし意外なことかもしれませんが、ただ読書をするだけでは、じつはそれほど人は「考える」ことをしないのです。

なぜなら、**人がものを考えるのは、読書や勉強のような「インプット」のときではなく、**

それを誰かに伝えようとする「アウトプット」のときだからです。

本なら読書の感想を書かせたり、話をさせたりすると、作者はこんなことをいいたかったんだろうなとか、主人公がとった行動はこんな意味を持っているんじゃないかとか、さまざまなことを考え始めます。そして、その面白さをどういうふうに人に伝えたらわかってもらえるかな、どんな順番で話してみようかな、と誰かにアウトプットする機会が与えられたとき、はじめて試行錯誤を始めるのです。

ただ読むだけでは受け身で終わってしまいますが、それをどう思ったか、どう感じたかというアウトプットの作業をしてはじめて能動的に考えることができるわけですね。

ですから、本に限らず、子どもと一緒にテレビ番組を観たり、映画館や博物館に行ったりしたときなどは、ただ見せるだけで終わってはいけません。そのあと「ねえどう思った？」と感想を聞いたり、「どれが一番好き？」と好みを尋ねたりと、アウトプットの機会を与えることが重要になります。

考えるという行為は、人に何かを伝えようとするときにはじめて働くわけですから、共にさまざまなことを体験するたびに、漫然《まんぜん》と見て終わらずにその体験について少しでも語り合う……そんなアウトプットを楽しむ機会をできるだけつくってあげてください。

INPUT
OUTPUT

CHAPTER 02

CASE 04

「なんで?」は子どもを伸ばす魔法の言葉

おもうような結果が出なかったときの声のかけ方

子どもが頑張ったのにおもうような結果が出なかったとき、親はなんと声をかければいいのか迷います。私はそんなときの声がけとして、「あれ？　不思議だね？」という言葉をお勧めしています。

「どうして？」「なんで？」には、子どもの好奇心をもっと伸ばしたり、失敗を前向きなエネルギーに変えたりする不思議な力があります。

計算の練習をたくさんやったのに、算数のテストの点数が悪かった。そのとき、「努力が足りないのよ」といういい方は子どもにとっては残酷なものになります。なぜなら、本人としては十分に努力をしているのですから、「もっと努力しろ」といわれると、これ以上何をすればいいのかとなってしまいます。

ましてや「あなたは算数に向いてないんじゃないの」というのはもってのほかです。能力がないと決めつけるようなことをいわれると、子どもは努力する以前でお手上げになってしまいます。子どものやる気を根底から奪いかねない言葉です。そればかりか、**子ども時代に「能力がない」とか「才能がない」というような表現をされると、その子どもは大**

人になっても消極的で悲観的な性格になってしまう危険性があるのです。

また、「問題が難しすぎたのよ」とか「先生の問題の出し方がおかしい」というのもあまりお勧めできません。失敗を問題や先生など、自分以外のせいにしてしまうと、たしかにそれは楽かもしれませんが、そこで終わりになってしまいます。計算の方法を間違って覚えていたとか、勉強の仕方に何か問題があるとか、点数が悪かった原因を自分自身に引きつけて考えなければ、子どもは成長しません。そればかりでなく、**子ども時代に「人のせい」にする習慣を身に付けると、その子どもは大人になっても「時代のせいだ」「不景気のせいだ」と、後ろ向きで傍観者的な人生しか送ることができなくなってしまいます。**

勉強はゲームと同じで楽しい

親は常に、どうすれば子どもが伸びるほうへ行ってくれるだろうかということを念頭に置きながら言葉を考えるべきなのです。子どもをいい方向へ導くのが親の責任なのですから。

一生懸命頑張ったのに点数が悪かったら、「え、どうしてなんだろう？　不思議だね、あんなに勉強したのに！　あなたは才能もあるのに！」といって、子どもにその先を考えさせます。「なんでなんだろう？」と一緒になって考えることです。

何かあればその都度、「不思議！　もっといいやり方があったのかもしれない」と策略を練り直すように持っていくのです。「今度は簡単な問題から手を付けてみる？」とか「ご飯食べた後じゃなくて、ご飯食べる前に勉強してみる？」とか、内容はなんでもよいのです。**とにかく作戦を変えればいいんじゃないか、という考え癖をつけさせることが大切なのです。**

ところで、子どもさんが、なぜあんなにゲームに夢中になるかご存じですか？　それは、「よし、次は違う攻略法をやってみよう」「ボスキャラを倒す作戦を変えようか」など、策略を変えることが楽しいからなのです。この感覚を、ゲーム以外の遊びや勉強にも持っていけている子どもが、「勉強って楽しい！」と思える子になるのです。

ちなみに私の周りは心理学の研究者だらけですが、みな実験が失敗するか成功するかは、その「方法」がベストだったかにかかっていることを知っています。だから、大変な労力を要する研究であっても、いつまでたっても楽しく夢中になっているのです。

とりあえず「運」のせいにしてしまってもいい

とはいえ、親がいくらそう仕向けても、「どうしてなんだろう?」と考える気力もわいてこないほど、子どもが自信を喪失してやる気をなくしてしまっているときもありますよね。

そんなときは、思い切って一度「運が悪かった」ということにしてあげるのも悪くない方法です。

私はうつの患者さんをカウンセリングするとき、よく運の話に触れることがあります。とくにうつの人は努力をしすぎてそうなったりするので、もっと頑張りましょうよ! とか、考え方を変えましょうか! などとは当然いいません。

むしろ、「そんな苦労を背負うめぐり合わせがあったんですね」「それはずいぶんつらい運命ですね」などと、病気になった理由を「あなたのせいでもない、誰のせいでもない」という漠然としたものに起因させます。**自分を責めている力の入った状態から少し逃がしてあげるわけです。**

患者さんがそこで「そうか、星回りが悪かったんだ」と少しでも思ってくれると成功です。気持ちが楽になって、心に余裕が生まれます。そうおもえるようになったかなと見計らった上で、少しずつ「これまでとはちょっと違うことをやってみましょうか？」などと話を進めていくのです。

子育てにも運の話は有効活用できます。

おもうような結果を出せずにやる気を失っている子どもには、とりあえず運を持ち出して、運のせいにしてしまってもいいのです。「今回はついてなかったね！」「たまたま、組み合わせが悪かったな！」。勉強でもスポーツでも、頑張ったのにいい結果が出なかったのは「運だったんだ」と思えば、気持ちはやわらぎます。

そうやって落ち着いてから、前向きな策略を一緒に考えるよう仕向けることができれば万全だと思います。

CASE 05

子どもにやる気を起こさせる2つの目標

become と being

子どものやる気を起こさせるにはどうすればいいか？　親なら誰しもが考えることです。

やる気を起こさせる方法の一つとして、はっきりした目標を持たせるといいということがよくいわれます。たしかにそうなのですが、ただ、具体的な目標を設定して単純にそれを目指せばよいというものではありません。

目標意識を持って上手にそれが叶う努力ができる人は、becomeの目標「こうなりたいという目標」と、beingの目標「こうありたいという目標」を明確な2層の状態にして持っています。

becomeの目標というのは、「テストで100点をとりたい」「大きくなったら先生になりたい」といったような、具体的な目標を実現することです。

beingの目標は、そこに向かって頑張って努力している自分のあり方、すなわち自分はどういう人間として存在したいのかという、根本的な価値観とかかわるものです。「いつも笑顔の自分でいたい」「とにかく努力を続ける自分でいたい」といったことがそれに当てはまります。
beingとbecomeはそれぞれ次元の違う目標ですが、becomeの背後にはbeingという目標がじつは隠れていて、生きることの本当の喜びはbeingの目標を実現していくことにあるのです。

人はbecomeの目標だけがうまくいっても、beingの目標が伴っていないと心から満たされることはありません。

たとえば、ミュージシャンがCDを録音するとき、「ヒットさせたい」「話題になる楽曲を目指したい」というbecomeの気持ちと同時に「最高の音を追求する自分でいたい」「ファンを喜ばせるアーティストでいたい」というbeingのおもいもあるはずです。

ところが、レコード会社の販売戦略に合わせるあまり、自分としては不満の残る録音になってしまった。しかしながらセールスはうまくいった……。傍からは成功に見えるでしょうが、そのミュージシャンは心からは満たされず、たしかに売れたものの「本当にそれは自分がやりたかった楽曲だったのだろうか」といった不全感が積もり始め、いつか音楽が嫌になる日がやってきます。

それは、売り上げというbecomeの目標だけに振り回されたからです。もしbeingの目標

become
being

をもっと強く意識していたら、万が一まったくCDが売れなかったとしても、音楽を嫌いになったり、自分がむなしくなったりすることはありません。「次こそは」と続けることができます。

becomeの目標とbeingの目標をそれぞれバランスよく定め、努力していく。子どもが勉強でもスポーツでも何か目標を持ってやっているとき、本当に大事なのはbecomeの目標ではなく、beingの目標であることを親は折に触れて感じさせる。それが、物事を継続させることのかなめとなります。

たとえば、思うように上達しなくても、子どもがやっていることに対して「お利口になったね」とか「よく頑張っているね」といった感想をいってあげる。すると、子どもはbecomeの目標を目指すことが、じつはbeingの目標に向かうことなんだと感覚的にわかってきます。

beingの目標がうまくいっているからといってbecomeの目標がうまくいくわけではないし、beingの目標がないところでbecomeの目標がうまくいくことだってあります。大事なのはこの2つの目標をはっきり意識してバランスよく前へ進んでいくことです。

becomeの目標一つだけでいくと、それが叶わなかったときに心が折れやすくなります。

つまりちょっとした躓《つまず》きがあると、そこで努力することを放棄してしまったりするわけです。

親はつい表面的なbecomeの目標だけを子どもに持たせようとしがちです。常にその一方でbeingの目標はうまくいっているかな？　どうなんだろう？　という問いを忘れないでいただきたいとおもいます。

CASE 06

子どもの「なぜ？」に対しては、同調するだけでいい

「なぜ？」は原初的好奇心の表れ

子どもは大人に向けて、「なぜ？」という問いをしばしば発します。ところが「なぜ？」ということをまったく聞いて来ない子どもがなかにはいます。こういうタイプの子どもは「原初的好奇心」を親から無視されて育っている可能性があります。

親のスマホをかじってみたり、財布のチャックを閉じたり開けたり、ライターの火で遊びたがったり、幼児は自分の周りにあるものになんでも好奇心を示します。こうしたレベルの好奇心が原初的好奇心です。水をたたえた洗面器を見て「なんで水が入っているの？」とか、輝いている太陽を見て「なんでお日様はまぶしいの？」とか、こういった「なぜ？」も原初的好奇心の一種といえます。

原初的好奇心が満たされないと、「なぜ？」をもっと深く求めようとする「知的好奇心」が育つ次の段階へ移行できないと心理学ではいわれています。

原初的好奇心の中心には、「なんなんだろう？」という気持ちがあるわけですが、それに伴う行動を親から「ダメ！」といって抑えられたり、その好奇心そのものが無視されたりすると、子どもの好奇心は育ちません。大人になると、何に対しても関心や興味の薄い人間になってしまいます。

しかし、子どもから「なんでお日様はまぶしいの？」とか「火は赤いの？」と急に質問されても、親は咄嗟《とっさ》に答えられなかったりします。

そんなときはどうすればいいのでしょう？

子どもは何も科学的に正しい答えを求めているわけではありません。ですから、「なんでだろうね？」と子どもと同じ目線になってその問いに共感してあげるだけで十分なのです。子どもは「なんでだろう？」という気持ちは自分だけじゃなくて、他の人もそうなんだと思えて、気持ちが満たされます。

カウンセリングでも、うるさいほど親に「なんで？」を連発する子どもがいたりします。そういうときは、「もう勘弁して」という感じの親御さんに代わって私が「先生もわからないけど本当になんでなんだろ？　不思議だね」といって子どもの鏡になってあげるようにします。

ライターで火を出して遊んでいたりすれば、「危ないからダメ！」といってただとりあげるのではなく、「火は不思議だね、面白かったの？　でも危ないからよそうね」と子どもの好奇心を言葉で拾ってあげると素直にいうことを聞いてくれるものです。

何かを答えるにしても、客観的に正しい答えである必要はまったくありません。たとえば「太陽がまぶしいのは太陽が恥ずかしがり屋さんで顔を見られたくないからだよ」とか「火が赤いのは怒っているからかもしれないね」といったお話仕立てにしてもかまわないとおもいます。

子どもの「なぜ？」を無視してはいけないという意味は、あくまで「なぜ？」が生じる感情を無視してはいけないということです。問いに対する正解はスルーしても、「なぜ？」という感情をフォローできさえすれば、それでいいのです。

CHAPTER 02

CASE 07

「論理語」と「感情語」のバランスが「コミュニケーション力」を育む

キレるのはコミュニケーションがうまくいかないから

不登校や引きこもりなど、社会とのつながりに困難を抱えているお子さんはたくさんいます。私はそういう子どもとカウンセリングで話をする機会も多いのですが、なかには学校で問題にされてしまうくらい「キレやすい」という悩みを抱えたお子さんが、ご家族につれられて来ることも多々あります。

そういうお子さんは、一般的にはわがままで、自己主張ばかりをバンバンするイメージがあるかもしれませんが、話しているとその真逆です。うつむいてコミュニケーションをしようとしなかったり、話がかみ合わなかったりすることがほとんどです。

そのために、**相手とのコミュニケーションがうまくいかなくて、癇癪《かんしゃく》を起こしてしまう**のですね。多少わがままであっても、自己主張をハキハキするような子どもは、気分がすっきりしていて、キレたりすることはないのです。

なぜ、そうしたコミュニケーションの仕方になるのかというと、原因の一つはやはり親子の会話のなかにも潜んでいるように見えます。

たとえば親御さんがご自身のことで忙しく、その子の話をじっくり聞いてあげる余裕がない。もしくは親御さんの言語IQが高すぎて、大人の感覚で子どもの話を聞いてしまい、子どもの話を途中でカットしてしまう。そういう状態が、小さなころから長い年月続いているご家庭。そういう環境の子どもさんは、自分の感情を吟味《ぎんみ》する力がなくなり、何をどう伝えてよいかわからなくなります。その自分への苛立《いらだ》ちから、ある日突然にキレてしまうのです。

子どもとのコミュニケーションには時間がかかる

認知心理学では、相手が2分以内に自分の関心を引くことをしゃべってくれないと、その話に集中することができなくなるという「2分間の法則」があります。結論から先に伝えて、あとは要点だけを手短にまとめるという話し方が、コミュニケーション上手であるという考え方です。

しかしこれは、あくまで大人の世界の話です。こうしたコミュニケーションの法則を親が子どもとの会話に頻繁に使っていると、子どもの心は満たされない状態に置かれます。コミュニケーション力が育たないばかりか、会話をすることに委縮をしてしまいます。

子どもの行動は食事をするにしても着替えをするにしても、なんでも時間がかかります。大人が同じことをする場合の3倍から5倍の時間を想定してあげないといけませんね。これは、しゃべることも同じなのです。

食事や着替えははっきりと目に見えるので、それがすむまで親は待ってあげることができますが、話すことにはついふだん大人同士で会話する感覚が出てしまったりします。

子どもの目を見ながら「うん、うん」とうなずいて聞いてあげればいいのに、面倒になって「つまり何？」「もうわかったから！」みたいなコミュニケーションをして、子どもの話を遮《さえぎ》ってしまっているとしたら、それは要注意ですね。

「論理語」と「感情語」

言葉には、論理的な言葉で成り立つ「論理語」と感情的な言葉の「感情語」の2種類があります。

論理語というのは、「一般的に〜」「ふつうは〜」「こうするべきだ」というように、いわゆる正論を軸にして話を進める話し方です。仕事、商談、決め事等をするときに、理路整然と話を進めるのに必要なコミュニケーションです。

一方で感情語というのは、「私はうれしい」「僕は悔しい」「自分はこうしてほしい」というように、個人を主語にした情緒的な話し方です。感想を述べたり、願いを訴えたり、気持ちを表現するときに、相手の心に訴えかけるのに必要なコミュニケーションです。

家庭のなかではこの2つの話し方、つまり**論理語と感情語の両方をバランスよく日常会話に取り入れることが、子どものコミュニケーション力を育てるのには重要です。**

しかし、親御さんがお子さんに何か伝えるとき、ほとんどの方が、まだ幼いお子さんに対しても論理語をメインに使っているように見えます。

たとえば、「なんでこんなことをしたの？　ちゃんと説明してね」「どうしてできなかったの？　きちんと話してごらん」といった論理を尋ねる質問の連発は、子どもに「だって、みんなもできてないよ」「やらなくていいって先生がいったもん」といった論理語の反発を促すことになります。

しかし、とくに小さなお子さんは感情語のほうが素直に耳に入るものです。たとえば、「それを手伝ってくれるとお母さん、うれしいな」とか「そんなことをして怪我《けが》したら、お父さん、悲しいじゃないか」といった、感情のメッセージのほうが、子どもには何倍も強く

論理語
なんで
こんなことしたの？
感情語
お母さん、
悲しいよ

響きます。「うんわかった」「今度は気を付けるからね」といった柔らかいコミュニケーションが自然とできるようになるのです。

私は子どもの読書感想文の審査員を依頼されることが多いのですが、幼い子どもの書く作文などを読むと、小さいうちは感情語がメインです。小さいのに論理的文章を書いていると大変な違和感を覚えます。

感情語による表現が自然とできるようになれば、だいたい小学校中学年くらいから、論理語を交えて表現できるようになってくるようです。感情語をうまく入れながら論理的に話すことができる大人に育てるには、親が家庭のなかで求めるコミュニケーションのレベルに無理がないか見直してみる必要があるとおもいます。

大人同士では、「〜して楽しかった」とか「〜なことがあって焦った」といった感情語ばかりで会話を成り立たせることはできませんよね。とはいえ、反対に論理語ばかり使った話では堅苦しくなって相手に敬遠されます。「それをしてくれたら、本当にうれしいな」というふうに、**感情語をバランスよく混ぜながら論理的に話せると、相手を惹《ひ》きつける上手なコミュニケーションになります。そういう話し方が上手な人は、人から好かれますよね。**

えてして、会話に論理語が多い、優秀な感じの親御さんほど、子どもの感情語を抑えることをしがちです。

「私」を主語にして自分の感情を伝えることをアイメッセージ（I message）といいますが、子どもとの会話では、このアイメッセージをうまく使いましょう。親は、論理語と感情語、この2種類の言葉をバランスよくうまく操れるバイリンガルになれたら理想的です。

CASE 08

CHAPTER 02

オモチャが少ないほうが、未来の可能性を高める

貧しいからこそ培われた綴る力

戦後間もないころに教育家の無着成恭《むちゃくせいきょう》氏が編纂《へんさん》した『山びこ学校』というベストセラーになった本があります。無着氏の教え子たちが雪国の厳しい生活を綴《つづ》った作文や詩が収められたもので、大正から戦前まで続いていた「生活綴り方運動」を一時復興させるきっかけとなったといわれています。

生活綴り方運動とは、生活を具体的に見つめてそのなかで感じたり、考えたりしたことをありのままに表現させることで、児童の社会への認識を高め、洞察力や思考力を練ることを目的として行われた教育運動です。

現実の生活をありのままに綴るという行為は、自分の内なる心情を描くとか、洒落た文章を書くのとは違います。

具体的に「こういうことがありました、こんなものを見ました、こういうことをしました、こんなことをおもいました」というようなことを綴っていく。頭をすごくひねったり、工夫を凝らしたりして書くのとはまた違います。多彩な表現を可能にする書くという行為は、こうした綴る力が土台にあってこそ可能なものです。

オモチャが少なければ、子どもは創意工夫する

生活綴り方運動が盛んだった時代は、いまのような豊かにモノが溢《あふ》れている社会ではありませんでした。ゲームもなければ、ネットもない。子どもたちは、モノがない余白を埋めるようにして文字を綴っていたのです。

つまり、**遊ぶモノがないから熱心に綴ることができた。**身の回りに遊ぶモノがたくさんあれば、生活をじっくり見つめたり、そこで感じたり、考えたりしたことを友だちや親に躍起《やっき》になって伝えようとか、残そうとはしないでしょう。

この生活綴り方運動は一つの例にすぎませんが、モノがない状態というのは、確かに人との生のコミュニケーションを熱心に求めたり、生活をいろいろと工夫することを促したりする側面を持っています。

子どものオモチャにも同じことがいえそうです。オモチャを次から次へとたくさん買い与えられている子どもと、オモチャがあまりない子ども。オモチャが少なければ、その子どもは新しい遊びを自分で創意工夫したり、親に対してコミュニケーションを強く求めたりするでしょう。その結果、創造性や言語能力が一層培われることでしょう。

オモチャが溢れている子どもは、モノが人を支配している状態にあるといってもいいかもしれません。本来ならば人がモノを支配しないといけません。

人がモノを支配する関係になるにはどうすればいいのでしょうか？

それには、たとえば何かのエピソードがモノに乗っかっていることです。このオモチャは運動会で一等賞をとったときにおばあちゃんが買ってくれたとか、あのオモチャは水泳教室で平泳ぎができるようになったときにお父さんが「よく頑張ったね」といってデパートで買ってくれたとか、**さまざまなエピソードをたくさんしゃべれる子どもは、思い出や記憶がにじみ出るようにしてモノを支配しています。オモチャとすごくいい関係を築いているといえます。**

そんな心理的なエピソードが多ければ、そのオモチャの与え方は正解だと思います。

ゲームは報酬としてのツール

いまの時代、難しいのは、ゲームにも流行り廃《すた》りがあって、周りの友だちは皆流行りのものを持っているのに自分だけ持っていなければ、仲間に入っていけないという疎外《そがい》感を味わうことです。なんで親は買ってくれないんだというおもいは、漫然とその子に罰を与えているのと同じことになります。

しかし、罰の感覚というのはただ痛みの感情しか起こさないので、このような状況をつくることに対して親は子どもが納得できる答えを本当は用意しておかなくてはいけません。

「〇〇をしないとゲームはさせないからね」というと「罰」の感覚になり、子どもは窮屈《きゅうくつ》さや反発を感じます。しかし、「〇〇が終わったらゲームの時間にしようね」というと、反対に「報酬」の感覚になりおおらかな気分になります。宿題を片付けたら大好きなゲームの時間が待っている、と張り切る心が生まれます。

ゲームは漫然とさせるのではなく、必ず勉強などの努力と「セット」にしてさせましょう。そうでなければ、近年話題となっているゲーム脳とよばれる一種の依存症になってしまい、抜け出すことが困難になってしまいます。

「するべきことを早く終えて、楽しく思いっきりゲームしよう」と、ゲームを楽しみに頑張れるよう、あくまでも報酬としてのツールになるよう提示するのが、行動理論にかなったゲームの提示の仕方です。

「ゲーム機はたしかにあなたの持ち物だし大好きなのは知っているけれど、それをどう使うか決めるのは、お父さんお母さんの仕事。あなたをゲーム依存から守ったり、学校のことがおろそかになったりしないようにする責任があるの」

そういった役割分担を厳格にしている家庭は、ゲームのことでもスマホのことでも、もめたりせずに親子関係も良好です。

ゲームは子どものものでも、その遊び方の主導権は親にある。そしてあくまでリーダーは親であるという関係性を、あらためて定着させなければならないとおもいます。

CHAPTER 03

子どもの伸びしろを大きくする

CHAPTER 03

CASE 01

「わかる」より、「できた！」の体験が大事

子どもの人生の哲学は、「できる」か「できない」か

思春期前ごろまでの子どもにとって、もっとも大事な「人生の哲学」ってなんだと思いますか？　それはひと言でいうと、「できる」か「できない」かということです。

いつも登っている公園にある大きな樹、いままでは3つ目の大きな枝までしか行けなかったけど、今日はそれを越せた。折り紙でできなかった難しいウサギを折ることができた。この前買ってもらえなかったソフトクリームを今日は食べることができた……子どもにとって世界は、**自分が欲したり、期待したりしていることが「できる」か「できない」かがすべて、**といっても過言ではありません。

2桁の掛け算ができた。跳び箱で5段跳べた。そうしたことができるか、できないかということに、子どもの関心はもっぱら向いています。友だちと何かをやって「勝った」「負けた」ということも、「できる」「できない」に付随《ふずい》した体験です。「できる」か「できない」かが最重要な時期というのは、かなり長い期間続きます。

それでは、「できる」「できない」の世界を卒業すると、今度はどんなことが「人生の哲学」へと変化していくでしょうか。それは、「わかる」「わからない」の世界です。**「できる」**

「できない」……それだけでは物足りなくなり、「できるのか？　どうしてできないのか？」、それを理屈で「わかりたい」と強く欲するようになるのです。

とはいえ、この領域に達するには、10歳〜12歳くらいまでの年齢を待たなくてはなりません。そして何より大切なことは、幼いころの「できた！」という体験を「やったね！すごいね！」と共感してくれたり、反対に「できなかった……」という体験を「次こそ頑張ろう！　応援するからね」と励ましてくれたりした大人が、周りに一人でもいるということ。そんな存在が、発達段階を上るためには必要不可欠なのです。

いくら「できた、できなかった」ということに幼い子どもが一喜一憂していても、それに呼応して歓喜の声をかけることもなく、「ああそう」とクールな対応をとられるだけだったら、「もっとわかりたい」という高次の好奇心を育むことができません。できようができまいが、わかろうがわかるまいが、どうでもいい子どもになってしまいます。興味の持ちようがないのです。

「育て直し」による効果

そういうお子さんには、もう一度「育て直し」をすることを勧めています。私の臨床例では、スチューデントアパシーとよばれる無気力症の大学生（男性）のクライアントを、「できる」「できない」の世界にもう一度連れ戻したことがあります。アルバイトやテストでの成功談・失敗談に「やったね」「残念だったね」と、心から傾聴《けいちょう》し続けるという試みを半年続けました。

「どうして？」「なんでできないの？」などということは聞きません。まだそのレベルに関心がないからです。「できる」「できない」の世界に全力で関心を持ってくれたという経験を通して、そのクライアントは「もっとうまくやれるように、わかりたい」という発達段階に無事上り、無気力な声や表情が次第に消えていったことが印象深く残っています。

繰り返しになりますが、小さいお子さんが哲学的指針としているのは、「できる」「できない」の軸です。そこを満たされていない子どもにとっては、「わかる」「わからない」の世界は関心の外にあります。

ですから、たとえばピアノでもお習字でも、教則本のバイエルを卒業できたとか、級から初段に上がったとか、自分がイメージしていたあるレベルまで「できた」ということだけが一番の関心の対象です。

「このメロディには作曲家のこんな心情が託されている」とか「この漢字はこんな深い意味を持っている」といったことが「わかる」ようになるのは、年齢や経験が重なってからなのです。

その段階に進むまで、親御さんはゆとりを持って「できてよかったね！」とだけ、結果主義のエールを送ってあげてください。

また、カウンセリングでのほかの例になりますが、子育てで問題が起きている親御さんから相談を受けることがよくあります。そんなとき、親と一緒に来ている子どもを観察しているとさまざまな発見があります。

あるとき、こちらの目の前でティッシュの箱から紙を際限なく取り出す子どもがいました。その子は最終的には自分がやっていることに対し、大人からのリアクションが欲しいのです。それはもちろん叱られることではなく、「すごいね、よく出したね」といった言葉なのです。

カウンセリングルームを楽しげに駆け回ってなかなか止めない子は、「すごくよく走るね」といわれたいのです。走らない日があれば、「おっ、今日は走らないね。できるじゃない」といってあげる。「ここは走るところじゃないよ。わからないの？」といわれても、「わかる」ことには興味がないからさして効果はないのです。

「できた」という成功体験の次に「わかった」がある

人の成功体験は2種類あります。一つは「できた」という成功体験。もう一つは「わかった」という成功体験です。子どもが成長するには、ある時期まで前者の「できた」という成功体験をどんどんさせてあげることがとても大切です。

「できる」「できない」の世界から、「わかりたい」という気持ちが芽生え、それが強くなっていくには、繰り返しになりますが「できた」という原体験がたくさんないとスムースに移行できません。

「できた」「できない」とか、「勝った」「負けた」という世界を存分に体験できた子どもは、親が「わからないの？」といわなくても、自然と「わかる」「わからない」の世界に関心を抱き、そこに積極的に分け入っていきます。

ですから、親からすれば子どもがなぜこんなことをするのかわからないといった行動に対して、躍起になって子どもにわからせようとしても、子どもがまだ「できる」「できない」

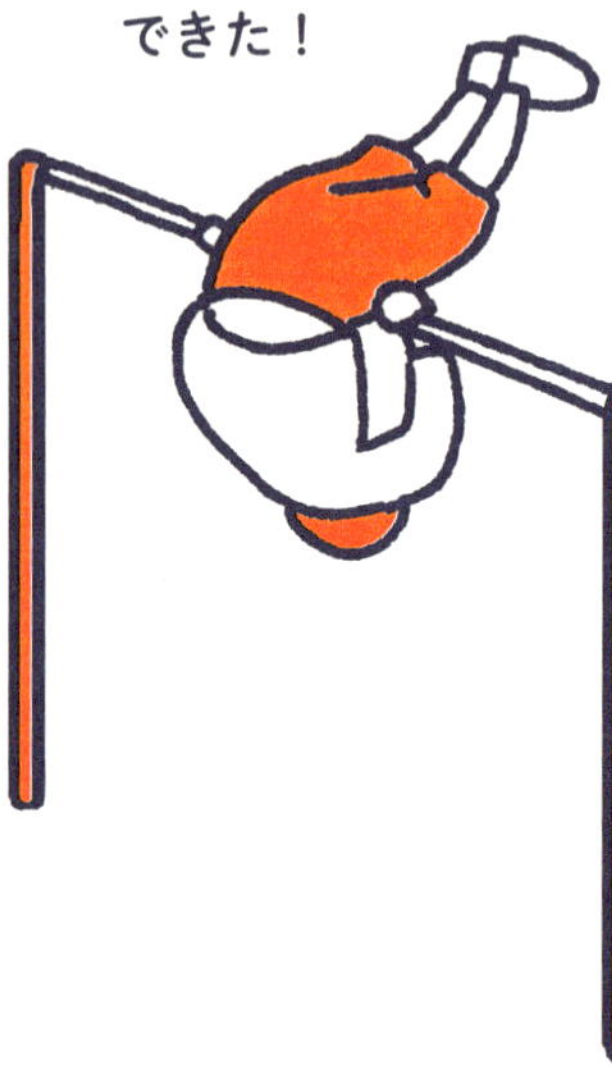
できた！

わかった！

の世界にいるうちは意味がありません。親自身を消耗させるだけのことです。

ある年齢までの子どもに対しては、大人の感覚と思考で「わかる」ことを強く押し付けてはいけません。親はあくまで、子どもの「できる」「できない」という世界を大事にし、可能な限り「できる」喜びを後押しする。そんな姿勢で接してあげるべきなのです。

CASE 02

CHAPTER 03

子どもの将来の適性は、行動や憧れに表れている

「社交性の幅」は子どものときに決まる

自分の子どもはどういったものに向いているか？　将来仕事として何を選べばいいのか？　その子に向いているものに親が気付き、どんどん伸ばしてあげることができれば一番いいはずです。

子どもが何に向いているのかという適性は、時間をかけてじっくり観察しないとなかなか見えてこなかったりするので、長い時間一緒にいる親でも簡単にはわからないものです。子どもの関心事はとても変わりやすいので、好奇心の変化を表面的に追っても、**子どもが向いているものをそうたやすく判断できません。**

野原や森で昆虫を熱心に追いかけ、毎日昆虫図鑑ばかり眺めている姿を見て、この子は生物に強い関心があるんだな、将来は生物を研究したりするような仕事がいいのかもしれないなと思っても、ある時期からぱたりと昆虫には見向きもしなくなったりします。

ただ、関心が向かう対象がいつも一人でするものが多ければ、その子は一人で何かをじっくり追求する仕事がいいのかなということは想像できます。

遊ぶとき、一人でするのが一番いいのか、2人でするのが楽しいのか、あるいは3人か

4人か……何人の人と一緒にいるともっとも心地よいかというのは、じつはわりと子どもの初期に決まります。

2人で遊ぶのが一番楽しいという子どもは、大人になっても2人で何かをするときがもっとも落ち着き、4人くらいの仲間といつも一緒の子どもは、大人になると4人ぐらいのチームで仕事をするときにもっとも張り切ったりするのです。

心理学ではこれを「社交性の幅」というい方をします。子どものときにほぼ決まり、それが大人になってもずっと続くのです。

子どもの動きを観察していれば、その子が持っている社交性のおおよその幅がわかります。社交性の幅が大きいなと感じられる子は、将来いろいろな人と交わる仕事が向いていそうだと推測できます。反対に社交性の幅が狭い子は、一人とか少人数でじっくりする仕事がいいんだろうなと判断できます。

子どもが何に向いているのか？　その適性を親が簡単に判断することは難しいことですが、少なくとも社交性の幅から、一人でコツコツとするものがいいのか、あるいはグループや集団でするものがいいのか、その子が向いている方向性を探ることはできるわけです。

これは、社交性の幅が広いほどよいとか、狭いほど悪いという話ではありません。優劣の問題ではなく、その子の個性ととらえることが重要です。

たとえば、もし少人数で過ごすことを好むお子さんだったら、それは一人で深く考えたり、大切な人だけを見分けたりする感性を持っているということ。それなのに、大人が「もっと友だちを増やしなさい」「なんで一人遊びばかりしてるの?」などと責めすぎると、その子は元来持っているよい適性を失ってしまうのです。

ですから、**お子さんの社交性の幅をおおよそ定めた上で、それはあくまで長所なのだと認めてあげてください。すると、何に向いているのか? という本当の適性が、成長につれて自然とクリアになってくるものです。**

憧れる人=なりたい自己

また、適性を見極めるもう一つの方法として、子どもが憧れていたり、すごいと思う人はどんな人か、普段の会話のなかで引き出してみるのもよいと思います。なぜなら、**「憧れる人=なりたい自己」という公式が、子ども時代はシンプルに成立するからです。**

大人になると、憧れるからといって、実際に自分もそうなりたいかというと別問題になりますね。しかし子どもは、この点においてはとても素直であることがわかっています。

たとえば、かっこいいスポーツ選手に憧れている子どもは、頑張って活躍し、人の期待にこたえる自分を目指したい。テレビの芸人やタレントなどに憧れる子どもは、人を喜ばせたり楽しい気持ちにさせるような自分を目指したい。そんな自己イメージや将来の展望が芽生えているということでしょう。

幼稚園~小学校1、2年生くらいになると、たとえばナイチンゲールや野口英世といった偉人の話を、「昔こんな人がいたんだって。こんなふうに頑張って、こんな悲しいことがあって、こんな冒険をして、こんなすごいことをしたんだって」と、壮大な物語のように親がお話ししてあげる習慣があると素晴らしいです。

なぜなら、幼いころにそういう経験を持つ子どもは、小学校に入って伝記物語への興味を強く持つということと、「歴史」の勉強を好むようになるという傾向がわかっているからです。偉人に興味や憧れを持たせるには、「この本を読んでごらん」と手渡すだけでは不十分だといえます。

ここで、「どんな偉人が好きか」ということも、お子さんの適性を予測する手掛かりになります。人に尽くした人、人から尊敬された人、一つのことを追求した人、世界中を冒険する人……。お子さんは、そういったたくさんの偉人のなかで、どんな人にとくに興味を持つでしょうか。

「憧れる人＝なりたい自己」であるわけですから、好きな偉人や、反対にあまり好きではない偉人について、親子でざっくばらんにおしゃべりをしてみると面白いと思います。ダイレクトに「あなたは将来どうなりたいの？」と問うよりも、そういうおしゃべりのなかにこそ、お子さんが本当に心に秘めている自己像や、将来の適性を鑑《かんが》みる手掛かりが、たくさんちりばめられているものです。

CASE 03

CHAPTER 03

自信をつけて「なりたい自分」に近づかせるには？

「なれる自分」と「なりたい自分」

「うちの子どもは何をするにも臆病。自信がないのかしら？」といった不満を親御さんから聞くことがたまにあります。

子どもに自信を持たせるには、「なれる自分」と「なりたい自分」を自覚させることがまず大事です。

「なりたい自分」というのは、たとえば「将来宇宙飛行士になって火星を探索したい」とか「野球選手になって大谷翔平《しょうへい》選手のようにメジャーで活躍したい」といった夢として持っている自分のことです。

「なれる自分」は、ほんのちょっとした努力でなれるもの。縄跳びで二重跳びができるようになるとか、テストで100点がとれるようになるとか、頑張り方次第で実現可能な自分のことです。

小さなところで「なれる自分」を実現し、それを重ねていく。すなわち、小さな自信を積み上げていく。それと並行しながら「なりたい自分」を口に出していわせるといいのです。

「なれる自分」の実績を少しずつでも重ねていくと、夢のように思える「なりたい自分」

なりたい自分
なれる自分
100

でも、口にすることで「もしかしてそうなれるかも」という気持ちになっていくものです。

小さなときからこうした作業を親が導きながらやってあげると、子どもの自信のあり方は大きく変わります。

「なれる自分」と「なりたい自分」。「なりたい自分」のほうは大きくなるにつれ中身が変わったりするものですが、この2つを意識して、掛け算のようにやっていけば、「なりたい自分」になれる確率はぐんと高まるはずです。

CASE 04

褒めるときは「間接褒め」を使う

間接的に褒めると効果が高い

子どものやる気を引き出し、能力を伸ばすには、「褒める」ことを積極的にしなさいとよくいわれます。たしかに褒めることはとても大事です。ただ、褒め方といってもさまざまあります。どういう褒め方をすればいいのでしょうか？

私がお勧めするのが、「間接褒め」をたまに使うことです。もちろん、直接褒めてもいいのですが、誰しも間接的に褒められると直接褒められるよりうれしかったりするものです。

たとえば、「先生が、○○ちゃんは算数の才能があるから、すごく伸びるよっていってたよ」と子どもに話すと、子どもは親から算数のことを褒められるよりも心に響くとおもいます。

母親が自分で褒める代わりに、父親が褒めていたとか、祖母が褒めていたと伝えてもいいのです。

間接的に褒めると直接褒めるより効果があるのは、いわれた当人にとっては客観的でよりリアルに感じられ、それゆえ説得力があるからです。

一流アスリートのコーチや強豪チームの監督に褒めることをしないタイプの人もいます。毒舌《どくぜつ》とぼやきで有名な元プロ野球の監督などは、選手を褒めることはほとんどないと明言したそうです。

しかし、こうした**「褒める」ことをしない「褒め下手」ともいえる指導者たちはちゃんと結果を残しています。**

それはきっと「間接褒め」をどこかでやっているからだとおもいます。たとえば、他の選手や別のコーチスタッフなどに、当の選手についてプラスの評価を語っていたりするのではないでしょうか。それが回り回って本人に伝わるのです。

件《くだん》のプロ野球の監督はテレビやスポーツ新聞などの取材で選手の活躍ぶりを褒める発言をけっこうしていたとおもいます。そうした談話は放映されたり、記事に書かれたりしますから、選手がそれを見れば「あ、監督がこんなことをいってくれている」とうれしくおもうはずです。

何度褒めてもいい

なんでもかんでも大したことのないことまで褒めるとその値打ちは下がりますが、子どもに対して素直に評価できるとかすごいなと感じたことは、いくら褒めてもいいとおもいます。

また、一度褒めたことで記憶に残るようなものは、後でまた繰り返して褒めるといいでしょう。「2年生のときの学芸会、あのときの活躍はすごかったね。お母さん、忘れられないよ」というふうに過去に戻って再び褒める。そうすると子どもと親との連帯感も深まるし、子どものなかでは輝かしい成功体験の思い出として深く心に刻まれるはずです。

1回褒めたことは二度といわないのではなく、有効活用すればいいんです。おばあちゃんやおじいちゃんが孫に好かれるのは、こういうことをよくするからなんでしょうね。

CASE 05

CHAPTER 03

子どもと「取引」をしてはいけない

モノやお金で釣ってはいけない

親が子どもに何かをさせたいのにいうことを聞かない。そんなとき、親は子どもにエサをちらつかせて、子どもを誘導することがあります。

お使いに行ってくれたら300円あげるとか、テストで100点をとれば人気のゲームを買ってあげるとか、モノやお金で釣ることはたいていの親ならやったことがあるとおもいます。

モノやお金を代償として子どもと取引するようなことは、その場においては有効かもしれませんが、子どもが自ら進んで何かをするための根本的な動機付けにはなりえません。

報酬というアメでしょっちゅう釣っていると、子どもの気持ちは報酬にとらわれて目的がすり替わってしまいます。

たとえば肩たたきしてくれたら10円あげるよといったら、子どもは最初は楽しくやってくれても、それが重なれば次第に10円に興味がなくなって、30円欲しいとか50円欲しいとかいい出しかねません。親が喜ぶからやってあげるという気持ちがだんだん薄れ、報酬が上がらないと肩たたきに対する前向きな気持ちが保てなくなります。

ですから、子どもに対しては、これをやってくれたらこんな報酬を与えるよという取引はなるべくならしないことです。

それでは、子どもにしてもらいたいことを、子ども自ら進んでするようになるにはどうすればいいでしょうか？

それは同じ報酬でも、**モノやお金でなく、言葉による心的報酬を日ごろから与えることです。**

つまり、子どもがやったことに対して、褒めるとか、認めるといったことを日常的にしてあげることです。ちょっとしたことでも、軽くひと言いってあげる。子どもの行動と親の心的報酬のそんなやりとりを連綿と続けていくことが、子どもの自発性を育む土壌《どじょう》になるのです。

今日からいきなり言葉の報酬を与えたところで、子どもは親が望むことを急にやり出したりはしません。褒めたり、認めたりする言葉という報酬を日ごろ意識して与える。その小さな積み重ねがとても大切なのです。

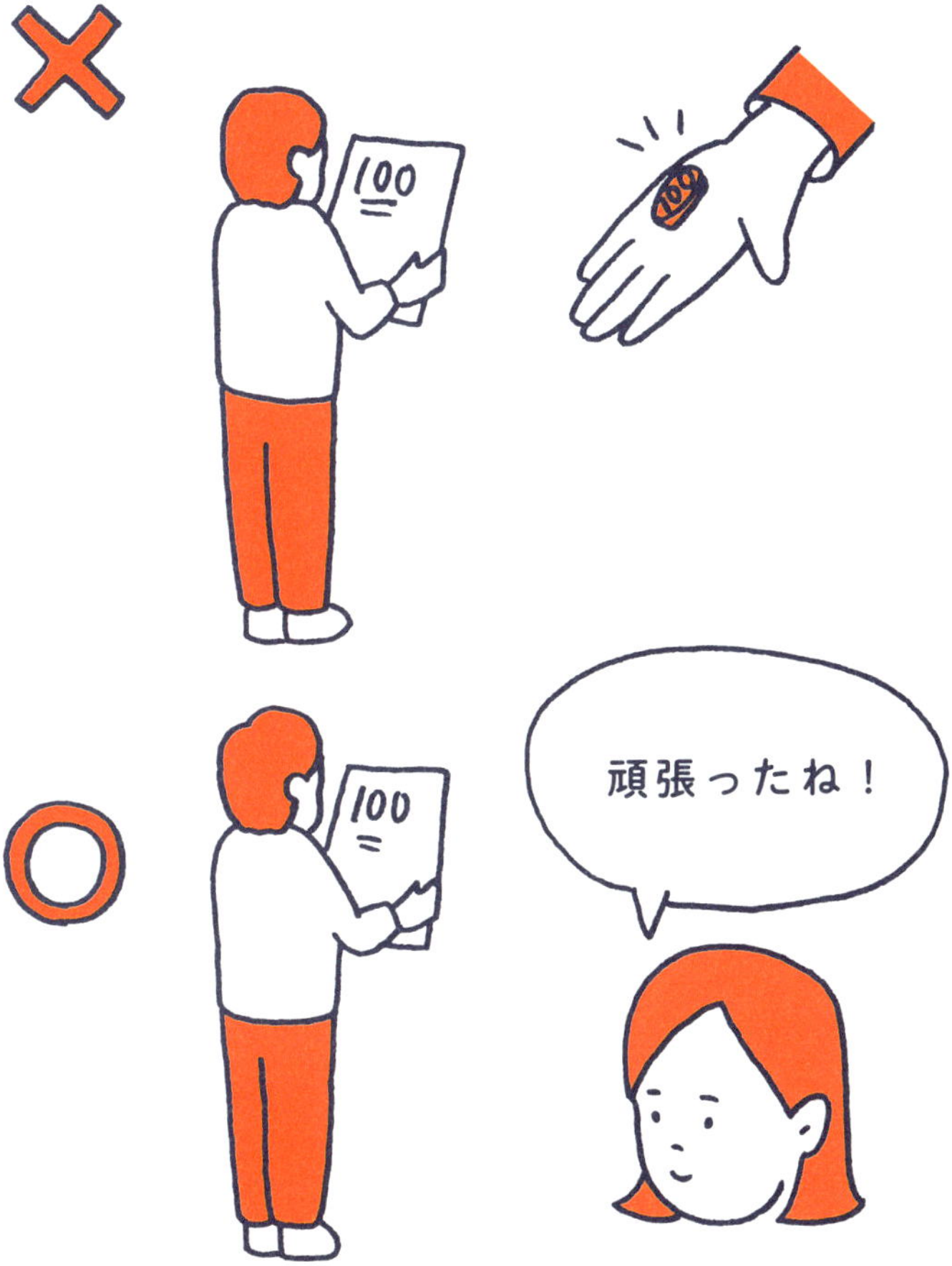
100
100
100
頑張ったね！

CASE 06

CHAPTER 03

子どもの自発的行動を増やす鍵は「正の強化子」

「正の強化子」があれば生きるのが楽しくなる

子どもの自発的な行動を増やすには、日ごろから褒めるといった言葉の報酬を与えることが大事だというお話をしました。

ただ、言葉の報酬によって自発的行動が増えるなら、言葉の報酬がなくなったときはどうするのかという問題があります。しかし実際には、ある年齢までいくと、**自発的行動を積極的にとっていた子どもはそうした行動パターンが習慣化され、言葉による報酬がたとえ少なくなっても自発的行動が急に減ったりすることはありません。**

自発的行動を増加させる刺激を「強化子《きょうかし》」といいますが、親は褒めたり、認めたりといったこと以外に、子どもが自らこの「強化子」を見つけるセンスを磨くよう仕向けるといいでしょう。

強化子には罰による「負の強化子」と報酬による「正の強化子」があります。朝がいつも遅い子に「早く起きないと遅刻するよ」というのは負の強化子です。

「この算数ドリルがすんだら昨日買った新しいゲームをやろう」とおもうのは正の強化子ですが、そう設定することで、より集中して勉強ができるわけです。朝が苦手な大人であれば、朝は美味しいコーヒーをいれて飲もうとか、シャワーを浴びてさっぱりしようなどの正の強化子を用意すれば、起きるつらさがいくらか軽減されるでしょう。つまり、子どもが自発性を増すために、親としてはできるだけ子どもに正の強化子を与えたり、提案したりするといいわけです。

たとえば、なかなかしようとしない勉強をさせるには、この勉強が終わったら一緒にDVDの映画を観ようかとか、好物のケーキを用意しているよとか、何か楽しい提案をするといいでしょう。

正の強化子が積極的に提案されて育った子どもは、ちょっと頑張らなくてはいけないときには正の強化子を自分で見つければいいということに気付き、それを習慣化していくことができます。

「これをしないとダメになってしまう」といった負の強化子しか見つけられないと、生きるのがしんどくなります。これをしたらこんな楽しみが待っている、これが終わったらこんな喜びを味わえる、常にそんな複数の正の強化子が用意できる子どもは伸びしろが大きくなるし、本人もとてもハッピーな生き方ができるはずです。

正の強化子
負の強化子

CHAPTER 03

CASE 07

ペットを飼うとコミュニケーション能力がつく

犬や猫のように即時フィードバックがあると効果的

犬とか猫とかのペットを飼っている家で育った子どもは後々、結婚生活などがうまくいくそうです。

犬や猫とのコミュニケーションは人と違って言葉を介さないので、かわいがったり、エサをあげたり、トイレをさせたり、独特の間合いを学ぶことになります。理屈ではない生理的な関係性やコミュニケーション感覚を育んでくれるわけです。それが人間と付き合う間合いやコミュニケーションを交わす場面において役に立つのです。

たとえば、犬をずっと世話していると、尻尾を立てて振ったり、欠伸《あくび》のような表情をしたり、お腹を出して無防備《むぼうび》な姿になったり、いろいろな仕草や行動から何を欲しているのか、どんな気持ちなのかがわかるようになります。

これはカメやカブトムシや金魚ではできないコミュニケーションのはかり方です。もちろん、自然の生物に触れることは情緒を育んでくれますが、カメやカブトムシには、犬や猫のように何かコミュニケーションの働きかけをすれば即返ってくるという「即時フィードバック」がありません。

犬や猫とのコミュニケーションは、
人間同士の間合いを学ぶことにつながる

花や樹木は、肥料や水をあげたことで返ってくるフィードバックの過程が目に見えないほどゆっくりしています。大人にはそのフィードバックプロセスが理解できるのですが、年齢がいかない子どもにはちょっと難しいかもしれません。

犬や猫は、コミュニケーションのあり方が「即時フィードバック」なので子どもにはとてもわかりやすいのです。そんなコミュニケーションができる犬や猫は、子どもにとっては弟や妹のような存在感すら持ちうるでしょう。

犬や猫などのペットが子どもに与えてくれるものは、大人が想像する以上に大きな意味を持っているのです。

CASE 08

習い事や塾の本質的なメリット

集中し、上達する楽しさを経験させる

水泳、サッカー、ピアノ、英会話、書道……たいていのお子さんが、複数の習い事をしていますね。なかには週のうち4日も5日も学校が終わった後は習い事という、大人顔負けの忙しい子どももいたりします。

習い事は、その目的と意味を親が見出して、お子さんに勧めることが多いでしょう。しかし、たいがいはどの習い事も長続きせず、大人になったときに「子どもの時分、あんなことを習いに行っていたな」という思い出になるだけかもしれません。

とはいっても、習い事をするということには、やはりさまざまな効用があります。

音楽でもスポーツでも、**一つのことをある一定時間、集中してやり、上達していく過程を経験することは、子どもが集中することの面白さや、前よりもうまくなることへの喜びといった、心理的に重要なことを早期に体験する機会になります。**

とくにピアノや算盤《そろばん》といった指先を使ってするものは集中力を磨いてくれます。このような集中の感覚といったものは、学校に漠然と行っているだけではなかなか得られないものかもしれません。

す。

塾で「違うやり方」があることに気付く

また、習い事に加えて、小学校の低学年のうちから塾に通う子どもも非常に多いようです。

塾のよさは、学校で教わるやり方とは違う要領を教わったり、いまの勉強法は本当に正しいのかな？　といった、自分を俯瞰《ふかん》するチャンスが与えられたりすることでしょう。つまり、勉強には一つの王道だけではなく、いろいろなやり方があることに気付けるわけです。

学校の勉強に行き詰まっていた子どもが、塾で角度の違う教え方をしてもらって「そうか、やり方を変えたら自分にもできるのかも」と気持ちが楽になることがあります。習い事や塾といったものは、ただ成績をアップさせるための場ではなく、子どもが成長していく上で、**自分にとってベストな方法を見直してみる「経験」を与えてくれる場**として、活用する価値があるのではないでしょうか。

CHAPTER 04

子どもを強くする

CASE 01

イヤイヤ期の寄り添い方で子どもの成長も変わる

情動が順調に成長しているからイヤイヤが起こる

「こんなの食べたくない！　抱っこしてくれないとイヤ！　こんなオモチャ嫌い！」。

昔からイヤイヤ期とよばれていますが、このような**自己主張は1歳半ごろから顕著になってきて、おおむね4、5歳まで続くことが多いようです。早ければ生後半年から始まる子もいます。**

生まれたころは、まるで柔らかいスポンジのように、お母さん、お父さんのいうことをスーッと吸収してくれていたのに……と戸惑う親御さんも多いと思います。しかし、これは情動が順調に成長してくれているということ。

人間の心はスポンジのような面もありますが、同時に自我を守るためにはね返す強力なバネを持ち合わせているのが正常です。

なかには、いくつになってもほとんどイヤイヤをしない子どももいますが、そちらのほうが心配なくらいです。とはいえ、生まれ持った気質や性格などによってもイヤイヤの程度には差がありますので、さほど神経質になることではありません。

では、どうして小さなお子さんは、激しくイヤイヤを主張するのでしょうか。それは、端的にいって、**まだ言葉が十分にしゃべれず、コミュニケーションがままならないからです。**ということは、子どもさんだってイライラモヤモヤしているわけですね。

すなわち、自分がやりたいこと、やってもらいたいことを満足に伝えることができない。あるいはやろうとしていることがなかなか思うようにできない。そんなことが怒りや悲しみになって子どもはイヤイヤをするわけです。

しかし、言葉を徐々に身に付け、自分の意志をある程度ちゃんと会話で表現できるようになるにつれて、イヤイヤも収まっていきます。

お母さんを困らせたくてやみくもにイヤイヤをしているのではなく、まだ言葉というツールがおぼつかないため、表現のしようがないんだなと理解してあげると、お母さんのストレスも少しは軽減されるでしょう。

何がいいたいのか、ちゃんと聞いてあげる

子どものイヤイヤが始まると親はなんとかなだめようとしますよね。そのとき大事なのは、**子どもが本当は何がいいたいのか、心の声をちゃんと聞いてあげることです。**

どうして泣いてるの？
泣くのをやめて
お話ししようか

泣いてぐずっていたら、「どうして泣いてるの？　泣くのをやめてお話ししようか」と話しかけましょう。すると子どもは自分の気持ちを母親が聞いてくれる、わかってくれると思って少し表情が変わるはずです。

玩具を欲しがって動かない子どもでも、本当は玩具そのものへの執着というよりも、お母さんに思いっきり抱っこしてもらいたいのかもしれません。これは食べないもん！　と野菜をポイとするような子は、単にかまってほしいとか、もっと褒めてほしいという気持ちなのかもしれません。

ぐずっている子どもを無視したり、叱りつけたりしても、なんの効果もないどころか、子どもは自分の欲求や気持ちが伝わらないんだと感じて、イヤイヤをもっとするしかなくなります。

イヤイヤ期を乗り越えるには、子どもに対して「お母さんはちゃんとわかっているよ。あなたの話をいつだって聞いてあげるよ」という姿勢でなるべく接することです。イヤイヤ期は子どもが成長するための一つの過程です。

ですから、イヤイヤの気持ちにどれだけ親が寄り添えるかで、成長の仕方も変わってきます。

イヤイヤが始まったら、まずは**「こうしてこの子は成長してくれるんだ」と俯瞰的に眺めること。その上で、「ところで本当は何をしてほしいんだろうか？」「甘えさせる時間が少なかったかな？」などと多角的に解釈してあげること**が、まだ言葉を知らない子どもとのハッピーな付き合い方でしょう。

CASE 02

CHAPTER 04

反抗期は成長にとって必要な時期

反抗期の子どもを無視してはいけない

幼いころのイヤイヤ期とは性質が違いますが、10歳ごろから始まる反抗期とよばれるものもありますね。

思春期前後から始まる反抗期には個人差がありますが、女の子のほうが男の子より精神的に成長が早いので、小学校の低学年くらいで反抗を始める子どもも少なくないようです。**女の子の場合は母親よりも、異性である父親に対して反抗することが多い**ようですね。

それまでは「大きくなったらパパのお嫁さんになる」とかいっていた女の子が、急に父親を敬遠するようになるので、父親本人はけっこうショックだったりします。女の子は自身の心身の性徴変化に戸惑います。女性になっていくことの照れや困惑で、お父さんばかりでなく、男の人全般につっけんどんになる時期があるものです。

一方、**男の子は母親に対して反抗することが多い**ようです。父親に対しては母親ほど際立った反抗をしなかったりします。赤ん坊のときからいつも傍にいてくれ、ずっと世話をしてくれた母親が、お節介な存在に感じられ、煩《わずら》わしく思い始めるのかもしれません。もう自分でできるのに、いつまでも子ども扱いされる……そんなふうにとらえてしまい、思わずお母さんに悪態をついてしまうのです。また、こうしなさいといわれることと逆のことをわざとやったりしますよね。

子どものこうした反抗に対して、親がしてはいけないことは、当然のことですが、その反抗心を力ずくで抑えたり、無視したりすることです。

親の強い立場でもって力で抑え込んだり、無視をしたりすると、反抗が一層激しくなります。とくに**無視は絶対にしてはいけません。反抗しながらも、子どもは親にまだ依存していて甘えたいという気持ちもあります。無視はそんな子どもの複雑な気持ちを否定することになるので、心に傷を残します。**その傷が後々尾を引いて激しい反抗に発展していくこともあるので要注意です。

理屈で反抗期を説き伏せようとするのではなく、「イライラするのね」「腹が立つのね」と共感することです。また、「何がつらいんだろう?」「お母さんのことが嫌い?」など、ダイレクトに質問してみるのも、それだけで子どもの心が開かれていくきっかけになります。

また、子どもさんによっては、親に常に従順で反抗期らしい反抗期がないこともあります。最近は、「反抗期はなくてもいいんだ」という考え方をする心理学の専門家もいますが、私は親から自立する上で反抗期は大事なものだとおもいます。

なぜなら、**反抗は親を否定するのと同時に、親に依存している自分を否定することでもあるからです。思春期の自己否定は大人になるための第一歩です。**いまの自己を脱け出し、新たな自己の拡充をもたらすきっかけとなる大きな意味合いを持っています。思春期のころから、自分大好き、自分は100点満点、ありのままの自分で最高だ、と自己完結している子どもは、そこでおしまいではないかとおもうのです。

ですから、親は子どもが反抗期に入っても、それをネガティブにとらえてはいけません。自己否定、他者否定は、未来の望ましい自分に近づいていくためのエネルギーとなるものです。あくまで子どもが成長して社会に出ていくために必要な行為だと考えて、やさしく見守る気持ちを持つことが大切です。

CASE 03

CHAPTER 04

子どもにアイデンティティの確立を急がせない

モラトリアム期間が長い人が増えた現代

自分は何者なのか？　どこから来てどこへ行くのか？　そんな迷いや悩みは若いときほど抱えるものです。

10代の後半ごろまでには、そうしたことに対する自分なりの答えを見つけてアイデンティティの確立をしないと、自己実現をはかる次のステップには進めない。心理学では以前そういわれていました。

そうした考え方を最初に提唱したのはアメリカの発達心理学者である、エリック・H・エリクソンです。エリクソンは12歳～22歳の青年期をアイデンティティが決められるべき時期と考えましたが、彼が生きていたのは、多くの人が17、18歳で職人になったりして社会に働きに出るような時代でした。

自分は何者なのかの答えを得てアイデンティティを確立するために、社会から与えられる猶予《ゆうよ》期間をモラトリアムといいますが、いまは大学を出てからもフリーター生活を長く続けたりするような人が少なくありません。昔と比べてモラトリアム期間が長い人が非常に増えたわけですが、それは社会がアルバイトをやりながらでもそれなりに食べていける環境にあることも大きな理由の一つでしょう。

モラトリアム生活は引っ張ってもせいぜい20代まで。そう考える人は多いと思います。しかし、最近の心理学ではモラトリアムに対する考え方が以前と比べて180度変わってきています。**アイデンティティは頑張って決定しなくてもいいんだ**という考え方になってきているのです。

「暫定《ざんてい》決定」といういい方をしますが、いまの自分はとりあえずこのアイデンティティだけど、本当にそれで決定というわけではない、という生き方のほうが幸せなんだという見方に変わってきたのです。

アイデンティティを早く確立しなければ絶望で死ぬわけではありません。「暫定決定」という考え方に立てば、アイデンティティが揺らぎながらもモラトリアム期間を一生持つような人のほうが豊かな人生だというわけです。

自分はこのために生まれてきたんだ、これができれば満足して死ねるといった自己実現は、たしかにアイデンティティがしっかりあったほうが容易になるでしょう。けれども自己実現しながら満ち足りた心持ちで一生を終えるなどということは、ふつうに暮らしている人にはそう簡単にできるものではありません。

しゃかりきになって、アイデンティティを決めようとする必要はまったくないとおもいます。アイデンティティの強要は、ときに引きこもりの原因になったりもします。

子どもに対してアイデンティティをなるべく早い時期にしっかり確立してほしいとおもっている親は、小さなうちから子どもが進む方向性を無理につくろうとする傾向があるかもしれません。

しかし、アイデンティティを強要するほうへと子どもを追い込むことは、はっきりいってマイナスです。親がゆったりと大きく構えてくれるほうが、子どもは伸び伸びと育ってくれます。**たとえ時間がかかろうとも子どもは自ら何かを見つけていく力を持っていることを、親はもっと信じてあげていいのです。**

CASE 04

CHAPTER 04

仕事の愚痴は子どもの成長に悪影響を及ぼす

母は鏡、父はモデル

家庭における父親、母親、それぞれの役割が子どもの成長に与える影響というのは極めて大きなものです。オーストリアの精神科医、ハインツ・コフートは子どもにとって母親は鏡であり、父親は野心を持たせるモデルのような存在だといいます。

たとえば、母親は赤ちゃんがハイハイの状態から立って歩き出すようになったら、「よく歩くね。今日は3歩歩けたから、明日は10歩歩けるように頑張ろうね」というふうに子どもの姿を鏡のように映してあげながら伴走《ばんそう》する。**母親がこのように絶えず鏡のようになって子どものことを見守ってあげていると、子どもは自分のことをいつも見ていてくれるという安心感と希望を感じます。**それが母親の役割なのです。

片や父親は、子どもが生まれてはじめて会う完全体の大人です。すなわち、子どもにとって父親は、**「いまの自分は完全でないけれど、やがて成長して父親のように完全体に近づけるんだ」というモデル**になるのです。

子どもに「自分は完全ではない」という不安感が生まれても、いずれ父みたいに完全な人間になるんだという気持ちがそれを打ち消してくれます。そういう形で子どもは自己愛を形成していくと心理学では考えます。

つまり、**父と母というモデルが安定しているほど、子どもは安心して自己形成がはかれる**のです。家庭内における父親と母親の存在がしっかりしているほど、子どもの成長にとってプラスに働くわけです。

ところが、子どもにとって完全体というモデル像を自ら壊す父親がいます。映画や漫画などで描かれる、飲んだくれで仕事もろくにしていないだらしない父親というのは、まさに子どものモデルであることを放棄しています。

そこまで極端でなくても、無自覚に子どものモデル像を傷つけるようなことをしてしまう父親はけっこういます。たとえば、**家庭で上司や仕事に対する愚痴《ぐち》をよくしゃべる父親なんかがそうです。こういう父親がいる家庭の子どもは概して非行率が高かったりします。**

「仕事が大変だ、もう嫌だ」というような愚痴は、社会とのかかわりにおいてその父親があまり優秀ではないというメッセージをわざわざ子どもに向けて発信しているようなものです。子どもからすると完全体のモデルとおもっていたのに、「それはウソなんでしょ?」ということになってしまいます。

母は現実を語り、父は夢を語る

父親は現実的なことではなく、夢や理想を多く語ったほうがいいのです。一方、母親は現実的なことを話すといい。父親の仕事はなんであってもいいのです。どんな職業であれ、**「お父さんは社会に対していい仕事をしている」とおもえる家の子どもは安定していて健やかに成長します。**

子どもにとって父親は完全体でいてほしい。ところが、そうでなくなると、完全体とつながっていることで安心していた自己が揺らぎ、自分を愛せなくなっていきます。自己愛のバランスがそうして崩れ、心にひずみが生まれると、それがきっかけとなって学校で問題行動を起こしたり、大人になってから精神疾患になりやすくなったりします。

親は父親の役割、母親の役割といったものを、しっかり認識しておく必要があるとおもいます。

CHAPTER 04

CASE 05

子どもがウソをついたら、「どうしたの？」と問いかける

初めてウソをついたときの母の反応

私は母にはじめてウソをついたときのことを、はっきり覚えています。

幼稚園に入る前だったとおもいますが、ガラスのコップをうっかり割ってしまったのです。だったら「ごめんなさい、コップ割っちゃった」と率直にいうべきですよね。しかし私は、（お恥ずかしいことに）その破片をあわてて部屋の隅っこに寄せ、その上に紙をかぶせて知らぬ顔をしてしまったんです。

それがすごくズルいことだとは、頭ではわかっていたのですが、バレたらママに怒られる！ こわい！ という気持ちに完全に負けてしまいました。

当然、そんなごまかしはすぐに発見されます。「まあ、何これ！」と母に聞かれたときは、罪悪感と自分への嫌気で涙がボロボロ出ました。ところが、母は想像と違って、私を問い詰めたり怒鳴ったりしなかったのです。

ただものすごく残念そうに、「あなたは、本当はこんなことする子じゃないのに。がっかりしたわ。ママどうしよう……」と、深いため息をつかれてしまいました。

そのときの私は、もう、バシッと叩いてくれたほうが楽だったくらい、その母の言葉は胸に刺さりました。それから私は、二度とごまかしたり、人にウソをつくのはやめようと、子どもなりに強くおもったものです。

ただ怒るだけでは反省しない

一般的に、子どもが親にウソをつくのは、自分がやりたい目的が親に邪魔されそうだからとか、あるいはしてはいけないことをやってしまったときですね。

たとえば、友だちとゲームをする約束をしたのに、親から「今日はうちで勉強しなさい」と板挟《ばさ》みになってしまったとき、「でも遊びに行かないと友だちにいじめられるもん」とウソをついたり……本当はライターをいじって遊んでいたのに「そんなことしないもん！」と決して認めなかったり。

どのような理由にせよ、ウソが習慣化するのはとても悪いことですから、親としては子どもにウソをつかれたら叱りますよね。私自身も、たとえば大学の学生が、明らかに他人のレポートをそっくり真似して出してきたのに、「僕が一人で考えました」と強情《ごうじょう》にいい張ると、「そんなウソをついていると、本当にダメな大人になるわよ！」と長々と説教したくなります。

でも、このとき「ウソなんてつくんじゃありません」「ウソつきは泥棒の始まりです」などといったところで、当たり前の正論をなぞっているだけで、ほとんど相手の心には刺さっていないように見えます。

それどころか、人は誰しもそんな正論からは、逃げたくなる心理がありますよね。だから「うるさいなあ……次こそはもっとうまいウソをつかないと」なんていうおもいを、強くしてしまうことさえあるのです。

また、叱り方によっては、親自身が裏切られたという「怒り」をぶつけるだけのものにもなったりします。そうなると、**子どもは親が自分のことを本気で理解してくれているわけではない**んだと感じて、ちゃんと反省しないかもしれません。

「どうしたの？」は魔法の言葉

私は、小さな子どもがウソをついたとき、まずは「どうしたの？」と声をかけてみるということを勧めています。ものを壊してそれを隠していたら「どうしたの？」、約束を守れなかったら「どうしたの?」。極端なたとえですが、たとえ友だちの玩具を盗んだとしても「どうしたの?」。すべてはそこから話しかけるのです。

もちろん、「ダメなものはダメ」「ウソはつくな」ということをしっかりと指導するのは教育の基本であり、社会に出ていく上で不可欠なことです。だからこそ、その前に一度**「君は素晴らしい子なのに、そんなことをしちゃって、いったい『どうしたの?』」と、そっと肩に手を置いてあげる**ことが、まだ小さな子どもの心には必要なのです。

すると、子どもの表情は変わります。この大人は、もしかして自分のつらい気持ちや、困惑した気持ちを聞いてくれるのかもしれない。その安心感を持つことで、はじめて、親や先生からの指導を素直に、そしてあたたかい気持ちで心にとどめることができます。

「私はあなたの味方」

私は職業がら、スーパーなどで万引きをした子どもを、警察署まで引受人として迎えに行くこともあります。

もちろん、本当はその子の顔を見るなり、怒鳴ったりぶったりしたくなるほどの衝動がわきおこります。しかし、それを抑えて子どもにかける言葉は、まずは「○○くん、どうしたのよ？」というものだと決めています。

警察官の方に「先生は甘いな、だからダメなんだ」と呆《あき》れられることもありますが、親代わりに引き受けに行った私が、まずは子どもの肩を持たずして、いったい誰が彼のやるせない心、ヤケになってしまった心を救うのでしょうか。

これから時間をかけてゆっくり話し合い、そして厳しい指導教育を重ねていき、それを一生の記憶としてきちんと定着させ更生させるためにこそ、まずは**「私はあなたの味方である」ことを表明する必要がある**のです。子どもの「敵」としていくら非難・説教をしても、逆効果であることは明白なのです。

私は保育園や幼稚園の先生方の前で講演をする機会も多いのですが、「どうしたの？」という大人の声がけが、心を閉じた子どもさんにとっていかに心を開くきっかけとなる「魔法の言葉」になるかということを、強調してお話しさせていただいています。

CHAPTER 05

子育てがおもうようにいかないとき

CASE 01

CHAPTER 05

「怒らない」ことより、怒り方を考える

叱ってから親がクヨクヨするのは当たり前

子育てはおもうようにいかないことばかりです。ですから、いくら愛する我が子であっても、ついカッときたりイライラしたり、強く叱ってしまうことはありますよね。

しかも、いくら言葉を選んで愛情から叱ったつもりでも、まだ幼い子どもさんだったら「なんでママは怒ってるんだろう」と理由がピンときていなかったり、親御さんのいいたい「本意」が伝わらずに、ただ泣いたり癇癪を起こしてしまうだけだったり、そんな親子間のすれ違いも多々あります。

親は親で、お子さんを叱った後になって、いろいろなことを後悔したり悩んだりもするものですよね。もしかして、理不尽なことで怒ってしまったのではないか？　とふとおもったり、強く叱りすぎて繊細な子どもの心を傷つけていないだろうか……などとクヨクヨしたりすることもあるでしょう。「私は子どもを適切に叱ったり、上手に導いたりすることができない親なんです」ということを口にする親御さんがたくさんいます。

しかし、その「自信のなさ」は、じつは子育てをする上でもっとも大切な気持ちであり、クヨクヨするのは正常な親である証しなんです。

いくら叱っても平気な親は不健全

カウンセリングを受けている方のなかで、たまに、「子どもを叱り飛ばすと気分がスッキリする！」とか「私が産んだ子なんだから、私の機嫌をぶつけて当たり前でしょう」なんて堂々とおっしゃる方もいます。こういう方の話をよく聞いていると、ご自身が幼少期のトラウマを強く抱えていたり、感情を歪んだ形でしか表現できない認知的な困難を抱えていたりすることがわかります。

ですから、「また怒ってしまった」「叱りすぎてしまった」とクヨクヨするのは、いたって健全な親であるわけです。逆に子どもにいくら怒りをぶつけても平気、快感、記憶に残らない、といった親御さんがいらしたら、それはすぐになんらかの手をうたなければならない深刻な事態だといってもいいでしょう。

そういう意味で、一般的に**「健全な親」にとっては、どのような理由や状況であっても、怒ること自体がストレスになって当たり前**なわけです。ですから、できれば怒らないでうまくやる方法があれば、それを知りたいとおもうでしょうね。

論理語で怒らず、感情語で怒る

しかし、子育てをしていて、一度も怒らずにいつでもニコニコ……なんていうことは、現実にはありえませんよね。では、どんなことに気を付けながら怒ったり叱ったりすればいいのでしょうか。

まず、多くの方が誤解していることなのですが、大きな声で怒ると悪いとか、小さな声で怒るのはいいとか、または30分怒ると悪いとか、1分ならいいといったような、ボリューム（量的なこと）は、じつはあまり気にしても意味はありません。

「怒る」といったら、**声の大きさとか時間といった、ボリュームのことばかりが議論されがちですが、それらが子どもに与える影響は、統計的にほとんど差がないのです。**つまり、雷のように怒鳴るお父さんは子どもを委縮させ、小声でボソボソ怒るお父さんは子どもに自信を持たせる、などということは一切実証されていないのです。同じように、時間をかけて怒ると子どもが暗くなるとか、短時間だったら明るい子になるなどということも実証されていません。

それよりもはるかに重要な影響があるのは、怒り方のクオリティ（質的なこと）であることがわかっています。つまり「たくさん怒るのは悪い、少しだといい」というボリュームの問題ではなく、いかに「怒り方」を気に掛けているかということが、実際には重要なわけです。

それでは、よくない怒り方とはどのようなものでしょうか。ここに、CHAPTER 02（108ページ）で説明した「論理語」か「感情語」か、という問題が大きく関係してきます。**よくない怒り方の典型的なパターンは、論理的な言葉ばかりを使った論理語で怒ることです。**たとえば、「何回いえばわかるの！」とか「ちゃんとしないと立派な大人になれないよ！」といった叱り方は、論理語が支配しています。このような叱り方は、子どもの心に冷たく響きます。

では、怒りの質を考えた叱り方とはなんでしょうか？

それは**感情を中心にした感情語で怒ること**です。「そんなことをされて悲しいよ」とか「すごく心配したんだぞ！」といった親の感情がこもったあたたかい怒りです。

記憶に関する研究では、論理語で怒られた記憶と感情語で叱られた記憶とでは、前者は冷たい嫌な記憶として残り、後者は叱られたにもかかわらず、親が子どもを思う心がこもっているのであたたかい記憶として残ることがわかっています。

また、怒るときは、それが本当に子どものことをおもってなのか、あるいは子どもがおもい通りに動かないという自分勝手な怒りなのか、親は冷静になって振り返ったほうがいいでしょう。

親は子どもに怒るとき、自分がどのような質の怒りを表現しているのか、あるいはしようとしているのか、一度立ち止まって考えるとよいのではないでしょうか。

もちろん親も人間ですから、理論通りに怒り方を変えるなんていうことは難しいことです。しかし、「私は一般論を説教しているだけではないか？ それだけではなく、自分のおもいや愛情を伝えているだろうか？」という出発点に立ち返ってみるというだけでも、子どもさんに対して発せられる言葉や表情は、必ず変わってくるはずです。

CASE 02

CHAPTER 05

泣く子を無理に黙らせない

子どもは成長過程で自然に感情コントロールを覚える

子どもは大人と違って、どんなときでも喜怒哀楽の感情を素直にそのまま出します。しかし、大人になると人前で感情を表すのは控えめになります。感情をそのまま出すのは子どもっぽい、精神的な年齢が低いと見られてしまいますよね。こと怒りとか不機嫌といった感情を露骨に出すと、変わった人だとおもわれたり、人間性すら疑われたりするかもしれません。

親は子どもがぐずったり、泣いたりすると、大人の感覚を基準にして叱ったり、なだめたりしがちです。しかし、子どもは**ある年齢までは、喜怒哀楽すべての感情をおもいっきり出したほうがいいのです。感情を全身で表す行為は、成長過程の一つだからです。**

感情表現を抑えるように育てたグループの子どもよりも、感情を表現させるように育てたグループの子どものほうが、思春期うつの罹患《りかん》率が低く、さらに言語的ＩＱが高くなるという研究報告もあります。「泣く子は育つ」というのは科学でも証明されているわけですね。

大人の基準で無理にコントロールせず、放っておいても、子どもは大きくなるにつれ自然と感情のコントロールの仕方を学んでいきます。

それは、坂を上るように徐々に学んでいくというよりも、たとえば幼稚園であまり泣いてばかりいたら友だちが離れて行ったり、小学生になって怒ってばかりいたら好きな子に嫌われたり、という**集団内での経験を重ねるごとに、トントンと階段を上るように感情コントロールを覚えていきます。**

個人差はありますが、遅かれ早かれ、子どもの喜怒哀楽は、高校生くらいになれば（寂しいほどに）小さくなり、そして親には隠されるようになりますよ。ですから、何もいまから焦る必要はないわけです。

「泣くな」と抑えつけても無意味

私の講演会には、赤ちゃんや小さなお子さんを連れて来られるお母さんがけっこういらっしゃいます。講演会は1時間以上ありますので、子どもたちは当然、途中でぐずって泣き出したりします。お母さんは焦って外に連れ出そうとしますが、いつも私は「いいんですよ。赤ちゃんは泣くものですよ」と笑っていいます。

泣いてばかりいても、怒ってばかりいても、孤立してしまう。
集団内での経験を重ねることで子どもは感情コントロールを覚えていく

すると、会場にいる方や、お母さんの安ど感が赤ちゃんに伝染するのでしょうか。赤ちゃんがリラックスしてしだいに泣き止むことが多いので、いつも不思議だなあとおもいます。

公共の場で子どもが泣いたりすると、ほとんどの親は体裁《ていさい》が悪いとおもうのか無理に泣くのをやめさせようとします。

昔はもっとゆるやかだったのでしょうが、最近は子どもの声がうるさいと苦情をいう大人が増えるなど、社会が子どもに対してあまり寛容でなくなってきています。そのことをお母さんはとても強く意識しているため、外にいるときは周りの目をすごく気にして子どもの奔放《ほんぽう》な行動を抑えることが多いとおもいます。

しかし、**子どもは社会の宝です。たとえ、泣き声が少し耳障《ざわ》りだなと感じても、一方で「ああ、子どもらしいな」と肯定的にとらえるようにしたい**ものです。社会全体で子どもをあたたかく見守るという空気ができればいいのにとつくづく感じます。

同じ子どもでも、よく泣く子どもとあまり泣かない子どもがいます。よく泣く子には、この子は「あらあら、よく泣くタイプなんだね」というぐらいの気持ちを持って接してあげると、その場の空気が柔らかくなりますね。そうすると、赤ちゃんの気持ちも落ち着きやすくなるようにおもいます。

子どもがぐずってどうしようもないときには、**「泣くな」と抑えつけても効果はありません。そんなとき親は子どもに寄り添うように「どうしたの？」と出口を一緒に探ろうという姿勢で接するといいとおもいます。**

CASE 03

母親は「一人になれる時間」を意識してつくる

母親を一人にしてあげるのが本当のイクメン

子育てをする母親のノイローゼがいまものすごく増えています。

どんなことが原因だと思いますか？　それは、「子どもが自分のおもい通りにならない」「睡眠時間がとれない」「手間のかかることがつらい」といったさまざまな理由があるでしょう。

しかし、私の臨床経験からいうと、「一人の時間がない」ということが、現代のお母さん方の大きなストレスになっているようにおもえます。

現代女性は、お母さんになる直前までは、バリバリのキャリアウーマンだったり、一人暮らしを謳歌《おうか》していたり、単身で海外留学をしていたりと、男性と変わらずフレキシブルに行動をするのが当たり前ですよね。ところが、ひとたび「お母さん」というものになると、その日から世界は急に変わります。

お茶をするのもショッピングに行くのも、なんでも一人で自由に……という生活が10代、20代から染みついている現代女性が、24時間365日子どもと一緒というライフスタイルに変わることは、昔のお母さんに比べるとずっとハードルが高いものなのです。

妊娠して出産、そして子育てと、母親は、何年もの間、ずっと子どもと一緒です。どんなに可愛い我が子であっても、24時間ずっと一緒にいれば、ときにはイライラしたりするのは、とくに現代のお母さんにとっては致し方ないことだとおもいます。

ですから、子育ての悩みを抱えているお母さんに対しては、「一人になれる時間をなるべくつくってみましょう」というアドバイスをするようにしています。一緒になってご飯をつくったり、子どもを連れて遊園地に出かけたり、妻の手助けをする「イクメン」は、じつはお母さんにとってはかえってストレスであるという声をよく聞きます。それよりも、**赤ちゃんを少しの時間でもあずかってあげて、お母さんを一人にしてあげるのが、女性が本当に望んでいるイクメンなのです。**

そうやって一人になれる時間を周囲がつくるように協力すると、それまでイライラしたり、ときに赤ちゃんにつらく当たってしまったりしていたお母さんが、元気さと穏やかさを取り戻すという例をこれまでたくさん見てきました。

何も特別なことではありません。一人で美容院に行く、一人で食事に行く、一人で昼寝をする……そういう時間を週に一度でも持っているか。それが、育児ノイローゼになってしまうかどうかの明暗を分けるといっても過言ではないとおもいます。

子育てに疲れることは、恥ずかしいことではありません。ストレスをため込む前に、積極的に「一人の時間をつくる」ことを周りの家族や知人に協力してもらって是非やってください。

そして子育てを完璧にやろうとはけっして思わないことです。そんなことはまず100%無理ですし、また完全になんでもやろうとする母親の下では子どももとても窮屈に感じます。

子育てにそこそこの手抜きはあっていい

子育ては面倒がってはいけない、手抜きなんてするものではないといわれる方もいますが、そこそこの手抜きはむしろあっていいとおもいます。

仕事でもスポーツの練習でも1から10まで力を込めてやり続けたら、体も心も持ちません。手抜きという表現は、いいかえれば緩急をつけるということです。ここは大事なところだから丁寧《ていねい》にやろうとか、ここはある程度力をゆるめてもいいだろうとか、ポイント、ポイントでその加減が違うのは当たり前です。

たまにはお父さんが
子どもをあずかって、
お母さんを一人で
出かけさせてあげよう

子育てだって同じです。「食育」は大切だからと毎回毎回、丁寧に食事をつくるのは時間的な制約などもあって難しいでしょうし、精一杯美味しいものをつくろうとおもうと疲れてしまいます。たまには冷凍食品に頼ることがあったっていいとおもいます。

子どもは家族で食卓を囲んで和気あいあいと皆で食べていれば、凝《こ》った料理だろうと冷凍食品だろうと同じように美味しく感じます。冷凍食品だと体の栄養バランスは少しよくないかもしれませんが、家族で食べれば心の栄養は十分にとることができます。

手抜きをネガティブなものとしてとらえないことです。子育てにおいて「上手に手を抜く」ことは、母親にとっても子どもにとってもとても大切なことなのです。

CHAPTER 05

CASE 04

親のいうことを聞かない子どもは、親が子どもの話を聞いていない

ふだんのコミュニケーションが重要

ふだんから親は子どもといろいろなことについてコミュニケーションをしていないといけません。コミュニケーションが疎かであれば、何か問題が起こったときに親があれこれいっても子どもはいうことを聞かないでしょう。

幼稚園や学校であったことを子どもの心に寄り添って聞いてあげたり、親が自分の世界観や人生観の片りんを語ったりする。それを、たとえば子どもが読んだ本の内容をきっかけにして話したりする。

そんな日々の積み重ねがなければ、壁にぶつかって迷ったり、悩んだりしているとき、子どもは親に素直に心を開いてはくれないでしょう。

親と子のふだんの接触量が少なければ、不登校のような問題が起きたときでも親のアドバイスを子どもはスルーするでしょう。

「いうことを聞いてくれない」のは、親への子どもの自然な反抗であることもあります。しかし、その程度が著しい場合は、その前提として親と子の親密なコミュニケーションが決定的に不足している可能性が考えられます。

親のいうことを聞かない子どもは、
親が子どもの話を聞いていない

「ちっともいうことを聞かない」と嘆く前に、親はふだんからどのような接し方を子どもにしているか振り返ってみるべきです。

子どもが「いうことを聞かない」のは、親が子どものいうことをふだん「聞いていない」からなのかもしれません。

もし、親がそのような姿勢で子どもとこれまで接してきたのなら、まずはそこからあらためていく必要があるでしょう。

CASE 05

CHAPTER 05

一人っ子は「かわいそう」ではない

意外と社交的な一人っ子

私自身、一人っ子なのでよくわかるのですが、一人っ子は両親・祖父母の愛情を独り占めでき、その結果、いろいろなものを買い与えてもらえることが少なくありません。兄弟姉妹との軋轢《あつれき》や葛藤もなく、自由気ままにできる。そんなことから、一人っ子を持つ親は自分の子どもがわがままに育ったりしないかと心配しがちです。

しかし、**一人っ子にはプラス面もいろいろあります。**

たとえば、一人っ子は兄弟姉妹がいないので、無意識に外に兄弟姉妹をつくろうとします。そんな志向が強いため、人懐《ひとなつ》っこく、意外と社交性の幅が広いのです。

また、兄弟姉妹との競争のない環境で育っているので、比較的屈託《くったく》がなく、どんな人に対しても自然と友好的な態度で接することができたりします。

ただ、いい意味でも悪い意味でも空気を読むことに関しては、少し苦手な面があるようです。もし兄弟姉妹がいれば、たとえばお兄ちゃんが親に怒られているのを横で見ている弟や妹は、こういう行動をとったらまずいといったことを観察学習できますが、一人っ子にはそんなモデルがありません。

兄弟姉妹がいると互いにモデリングし合って、こんな行動は損だ、得だと学べますが、一人っ子にはそれができないので、人と一緒にいるときに空気の読めない行動をとったりします。

裏返すと、人との付き合いにおいて駆け引きしたり、計算したりする部分が少ないということです。人によっては、それが純粋で素直だなと感じる要素になるかもしれません。

一人っ子の注意点

親が注意しておくといいのは、**データ的に一人っ子は、とくに小学校低学年くらいまではいじめられっ子になる危険性が高い**ということです。

兄弟姉妹のいる子からすると、一人っ子はお菓子でもオモチャでも独り占めできる羨《うらや》ましい存在です。服装とか行動でへんな目立ち方をすると、それがちょっとしたいじめの入り口になったりします。

親は一人っ子だと、兄弟姉妹がいないと寂しいだろうなと不憫《ふびん》な気持ちを抱いたりするかもしれませんが、意外と本人は一人っ子であることに優越感を持っていたりするものです。子ども自身も親から不憫になどおもわれたくはないはずです。ですから、親はかわいそうに思う気持ちを埋めようとして、あれこれ神経を使う必要はないとおもいます。

兄弟の代わりといってはなんですが、**犬や猫といった高度なコミュニケーションができるペットが飼える環境でしたら、子どもと相談しながら飼ってみてはいかがでしょうか。**

ペットは子どもの情緒を育む、かけがえのない友だちにきっとなってくれるはずです。

CASE 06

子育ては「面倒なのが当たり前」

子育ては計画通りに進まない

子育てというのは、一人の人間を赤ん坊のときから、多くは社会に出るまで面倒を見るわけですから、非常に時間と手間がかかる一大事業です。

子育ては計算通り、シナリオ通りにはいきません。むしろ、こうなってほしいと願う親の気持ちを裏切るようなほうへ進むことだってあるかもしれません。いや、じつはそうなってしまうほうが大多数なのです。文科省の調査で**「親の望み通りの子どもに育ったと思いますか?」という質問がありますが、それに「YES」と答える回答者は、30年前も現在も、ほとんどゼロなのです。**

まあ、人間はAIロボットのように入力した通りに動く機械ではありませんものね。

子どもの資質、性格、能力、環境、親の考え方、接し方など、子育てという複雑極まりない連立方程式には際限のない種類と数の変数が絶えず放り込まれます。しかし、変数の数があまりにも多いために、子どもにとってこうしたらよいのではという明確な方向性を導き出し、それを現実化することは、そう簡単にいくものではないわけです。

また、人間はいいほうにも悪いほうにも常にさまざまな可能性を秘めています。その可能性が考え方や行動、条件や環境によってどんな姿となって表れるか、正確な予想をすることは本人にすらできません。

そんな人間を人間が育てるわけですから、子育てが面倒でないわけがありません。もちろん、親のいう通りの人生を送るような子どもさんもいるのかもしれませんが、通常は、子どもさんに期待を裏切られること、親子関係が困難になること、そして頭を抱えるような壁にぶち当たることが、大小の差はあれ、あって当たり前なのが現実です。

もちろん、子育ては夢や楽しさや希望をもたらしてくれることであり、人の親になるということは、どんなにか幸福なことだろうとおもいます。しかし、その**ポジティブな面ばかりを、心のなかでクローズアップして希望に胸を膨らませすぎている人ほど、お子さんのちょっとした問題でもいたくガックリし、最悪な場合はうつ病にさえなってしまうケースが多い**ように見えます。逆に、**子育ては面倒なもの、本当に大変なもの、おもうようにはいかないもの、それが当たり前のことであるとおもっている人は元気です。**たくさんの子どもや孫を育てたおばあちゃんは、些《さ》細《さい》なことでクヨクヨしませんよね。

自分はその困難をわかっていて親になったんだと、ある意味で覚悟をしている親御さんは、少しの問題で心がブレることはありません。子どもの揺れる気持ちをドンと支える肝っ玉かあさんになるには、子育ては大変で当たり前！　と開き直ることが必要ですね。

子育てを「合理的」にしてはいけない

便利とか効率とか合理性といったものが重んじられる、いまのような社会に生きていると、親は子育てという手間がかかる面倒なものさえ、なるべく簡単にしたいと思うようになってきます。しかし、**子育てを合理的に計算し、なるべく手間をかけないでやろうとおもうと、その分、しっぺ返しは必ず来るものだとおもったほうがいいでしょう。**

一人の人間をちゃんと育て上げるというのは、生物として課せられた最大の使命です。何度もいうように、その労力と時間を考えると非常に大変な事業なのですから、さまざまな面倒が伴うのは当たり前です。子育てが煩わしいと強く感じることがあれば、そもそも子育てはそういう大変なものであるという前提に常に立つ必要があるとおもいます。

これは、子育ては苦労だらけという悲観的な話をしているのではありません。苦労だらけだとはじめからおもっているくらいのほうが、育児ストレスに強く、ひいては親子関係を頑健なものにし、子どもさんの心身の成長によい影響を与えるということなのです。

CASE 07

子どもに「バカ」と、いってはいけない

そのひと言が子どもの一生涯に傷を残す

子どもにイラッとして、思わず吐いてしまう言葉があります。「バカじゃないの！」とか「どうせできないよねー」などと、親がまだ小さな子どもさんにいっているのを見かけたことがあります。

こうした言葉を親は軽い気持ちで使っているかもしれませんが、子どもにとっては一生涯、心に傷を残すようなきつい響きを持ちうることを忘れてはいけません。

子どもが「コントロールできない」かつ「本人の内面に決定的な形で触れる」ような意味合いを持つ言葉を親から吐かれても、本人はどうすることもできません。こうした言葉はいわないことです。

たとえば、子どもが何か努力をした結果に対して、親が「向いてないんじゃないの？」「結局いつもダメね」みたいなことをいったとしたら、子どもは「僕は能力が決定的に足りないんだ」とおもって、根本からやる気をなくしてしまいます。

このようなNGワードを親からことあるごとにいわれる子どもは、自分を変えようとか、頑張ろうとかといった前向きな気持ちをなかなか持ちづらくなります。

NG!
バカじゃないの！
向いてないんじゃないの！
いつもダメね！

子どもがしていることに対し愚痴めいた言葉を吐いても、いいことは何もありません。おもわず発してしまいそうになったら、いったんはグッと抑えましょう。そして、どういう言葉がけをすれば子どもにとってプラスなのか、感情にかられそうになる前に立ち止まって考えてみることです。

CHAPTER 05

CASE 08

「友だち親子」になってはいけない

子どもの話に悪ノリするのは育児放棄

「まるで姉妹みたい……」。傍から見ると、兄弟姉妹のように感じられる親子を最近はよく目にします。威厳のある父親が家庭の中心にいて、子どもは親に対して敬語で話しているという一昔前の家族など、いまや絶滅寸前なのかもしれません。

父親も子育てに熱心に参加するようになり、イクメンは当然の義務のような風潮になりつつあります。

しかし、**親が子どもと長い時間ずっと一緒にいても、それだけではけっして子育てをしていることになりません。**一緒にいてただ面倒を見て、同じ目線に立って会話をしているだけでは、本当の意味での教育にはならないとおもいます。形式の上では、一日中一緒に過ごしているようでも、じつはなんの子育てや教育もせず、ただいるだけという親御さんが目立ちます。

カウンセリングに来る親子がおしゃべりをしているのを見て、よく気になるのが、友だちトークです。子どもが「○○ちゃんが一緒のクラスにいるから嫌なんだ」みたいなことを話すと、それに対して親が「ああ、わかる……。○○ちゃんとは気が合わなそうよね―」

と、友だちのようなノリで話す光景をしばしば目にします。

これではまるで友だちと交わす会話です。そうやって子どもの話を友だちのように軽く流すだけなら、たしかに楽だし子どもにも嫌われずにすむでしょうが、子どもの話に悪ノリするのは、ただの育児放棄だとおもいます。

親御さんなら、「そう。だけど誰とでも仲良くできる子になりなさい。○○ちゃんにだっていいところがあるとおもうよ」といった常識的なことをいうべきです。

いくら子どもに煙たがられたとしても、指導的な対応を崩してはならないとおもいます。

親が基本を教えずに、いったい誰が教えてくれるでしょうか。社会に出て恥をかくのは子どもさんなのです。

共感した後に教訓を話す

もっとも、そう話す前に重要なのは、子どもが話したことに一度共感を示すことです。

先ほどの親子の会話であれば、「ああ、そうなんだ。嫌いなんだ」といった後に、「どうしてだろう？　どういうところが嫌い？」と聞いてあげるのもよいでしょうね。一緒になって悪口をいうのではなくて、子どもが問題にしていることをともに考えて、その上で何か教訓めいたことをいってあげることが大事です。

共感を示さないで、いきなり教訓を話しても子どもは聞く耳を持ってくれません。**子どもが何かネガティブなことを話してきたときは、親は教訓めいたことを話す前に必ず共感を一度挟《はさ》むようにしましょう。**かといって、子どもの家来のようになって追従するということではありません。しっかりと指導するために、一度は共感をしたほうがスムースだという話です。

私の話で恐縮ですが、子どもの時分、「あの人、むかつく」というようなことを家でいうと、親から「そういうことをいっていると、将来すごくイヤな顔の大人になるよ」とよく脅されていました。人に対して思ったことは、「天に唾《つば》する」ということわざのようにみんな返ってくるんだと常々いわれていました。

当時は、「話のわからないつまんない親だな」と思っていましたが、もし「ああ、むかつくよねーあの子！　わかるわ」とお友だちコメントで育てられていたら、（いま以上に……？）上から目線の人格になっていたとおもいますし、集団に適応することにももっと苦労していたのではないかとおもいます。

子どもと親が兄弟のように仲良く話をすることは楽しいことです。ただ、**親はやはり親として子どもと接しないといけないときが必ずある**のです。それを忘れては、いくら仕事を削って一緒に過ごしても、結局は育児をしていることにはならないとおもいます。育児に大切なのは、時間ではないのです。

おわりに

先日、日本保育士連合会で基調講演をさせていただきました。そのとき、控室で連合会会長さんとお茶を飲みながらお話しさせていただいたのですが、会長さんがさりげなくおっしゃっていたお言葉が、とても印象に残っています。

それは、「私たち保育士の使命は、子どもが大人になったとき、きちんと税金を払える人間に育てることです。税金を払える人間になれば、それでバンザイなんですよ」というお言葉でした。

一般的な「保育」のふんわりしたイメージとは違っていたので驚きましたし、すぐには意味が呑《の》み込めずに戸惑いましたが、同時に深くうなずかされる根本的なご意見だとも感じました。

つまり、よくいう「立派な大人になりましょう」とか「大きくなったら世の中で活躍しようね」といったフレーズの、その具体的な内容・意味を突いていらっしゃると思ったのです。

当然、職業に貴賤《きせん》はありませんし、税金をいくら払うから偉いとかダメだなどという議論は、私はバカバカしいとおもいます。しかし何はともあれ、「(たとえば）税金という形で、社会に具体的に所属させる」ということが、保育・子育ての目指すところであるという点で、会長さんのおっしゃる真意をはかり、大変共鳴させていただいたのを覚えています。

さて、本書ではできるだけ多くのエビデンスをあげながら、「賢い子どもにする」をテーマにまとめてまいりました。とくに強調したのは次のことでした。

①気質で説明できるやる気スイッチには、大きな個人差がある

②子どもはスキンシップ過多でなければ、心身とも育たず他人にも適応しにくい

③早期教育の効能と弊害について
④「ふすまの距離」という日本独自の子育ての効能
⑤食事中の厳しいしつけは栄養摂取を阻害し、暗い性格に結び付く
⑥勉強は才能ではなく習慣である
⑦物量・方略・環境に気を配ってあげることで、成績とともに精神力が育つ
⑧子どもの世界には、論理語ではなく感情語でないと入っていけない
⑨子どもの興味は「わかる」より先に「できる」ことにある
⑩大人の第一声のかけ方で、子どもはその人が味方かどうかを判断している

などなど……これらはすべて「はじめに」で述べましたように、社会集団のなかで責任とやさしさをもって生きていく「賢さ」のための必要条件だと考えます。

自分自身の勉強やスポーツができる賢さを身に付けたら、それだけにとどまらず、困っている人、弱っている人、つらい思いをしている人にまで還元してい

く「賢さ」へと導く方法を述べてきたつもりです。

社会貢献は面倒である一方、本来は楽しいことであり、幸せなことですよね。心理学者アドラーは、「人間の幸福感とは貢献感である」といい切っているくらいです。

「我が我が」と我欲にまみれる人生ではなく、他者とともに助け合ったり喜び合ったりすることこそが賢さであり人間らしさであるということを、どうか親御さんご自身も思い起こしてください。

お子さんへの叱咤激励《しったげきれい》の日々、愛し方を模索する毎日に、本書で紹介した心理学が些少《さしょう》なりともお役に立てれば幸甚《こうじん》です。

末筆になりましたが、本書執筆にあたりまして、編集者の高木真明氏、ダイヤモンド社の亀井史夫氏には多くの有益なアドバイスをいただきました。この場をお借りして、心よりお礼申し上げます。

植木理恵

［著者］
植木理恵（うえき・りえ）
1975年生まれ。心理学者、臨床心理士。お茶の水女子大学生活科学部卒業。東京大学大学院教育心理学コース修了後、文部科学省特別研究員として心理学の実証的研究を行う。日本教育心理学会から城戸奨励賞、優秀論文賞を史上最年少で受賞。現在、都内総合病院でカウンセリングを行い、慶應義塾大学では講師を務める。また、気鋭の心理学者としてフジテレビ系「ホンマでっか!?TV」でレギュラーを務め、幅広い層から支持を集めている。20万部を突破した『本当にわかる心理学』（日本実業出版社）をはじめ著書多数。

賢い子になる子育ての心理学

2019年2月20日　第1刷発行

著　者——植木理恵
発行所——ダイヤモンド社
〒150-8409　東京都渋谷区神宮前6-12-17
http://www.diamond.co.jp/
電話／03·5778·7227（編集）　03·5778·7240（販売）
イラスト——加納徳博
編集協力——髙木真明
写真——ホンゴユウジ
校正——鷗来堂
製作進行——ダイヤモンド・グラフィック社
印刷——加藤文明社
製本——ブックアート
編集担当——亀井史夫

ISBN 978-4-478-10745-4